ISBN 978-2-917329-95-5
3e édition

Valérie BUGAULT & Jean RÉMY

préface de Philippe BOURCIER de CARBON

DU NOUVEL ESPRIT DES LOIS ET DE LA MONNAIE

Les moyens d'une véritable démocratie

Théorie de l'État – du peuple civil au peuple politique

Éditions SIGEST

PRÉFACE

« Par essence, la création monétaire ex nihilo que pratiquent les banques est semblable, je n'hésite pas à le dire pour que les gens comprennent bien ce qui est en jeu ici, à la fabrication de monnaie par des faux-monnayeurs, si justement réprimée par la loi. Concrètement elle aboutit aux mêmes résultats. La seule différence est que ceux qui en profitent sont différents. »

Maurice Allais, Prix Nobel de Sciences Économiques 1988

« Celui qui contrôle le volume de la monnaie dans notre pays est maître absolu de toute l'industrie et tout le commerce… et quand vous réalisez que le système entier est très facilement contrôlé, d'une manière ou d'une autre, par une très petite élite de puissants, vous n'aurez pas besoin qu'on vous explique comment les périodes d'inflation et de déflation apparaissent. »

James A. Garfield, président des Etats-Unis, assassiné en 1881

« Ainsi notre moyen national d'échange est maintenant à la merci des transactions de prêts des banques, qui prêtent, non pas de l'argent, mais des promesses de fournir de l'argent qu'elles n'ont pas. »

Irving Fisher, économiste et auteur

« Le système bancaire moderne fabrique de l'argent à partir de rien. Ce processus est peut-être le tour de dextérité le plus étonnant qui fut jamais inventé. La banque fut conçue dans l'iniquité et est née dans le pêché. Les banquiers possèdent la Terre. Prenez-la leur, mais laissez-leur le pouvoir de créer l'argent et en un tour de mains ils créeront assez d'argent pour la racheter. Otez-leur ce pouvoir, et toutes les grandes fortunes comme la mienne disparaîtront et ce serait bénéfique car nous aurions alors un monde meilleur et plus heureux. Mais si vous voulez continuer à être les esclaves des banques et à payer le prix de votre propre esclavage laissez donc les banquiers continuer à créer l'argent et à contrôler les crédits. »

Sir Josiah Stamp, Directeur de la Banque d'Angleterre 1928-1941
(Réputé 2e fortune d'Angleterre à cette époque)

« *Le moyen le plus sûr de renverser un ordre social existant consiste à corrompre la monnaie.* »

Lénine

« *Quand le gouvernement viole les droits du peuple, l'insurrection est, pour le peuple et pour chaque portion du peuple, le plus sacré et le plus indispensable des devoirs.* »

Art. 35 Déclaration des Droits de l'Homme et du Citoyen de 1793

« *Outre ces objectifs pratiques, les puissances du capitalisme financiers poursuivaient un but d'une ampleur autrement plus vaste, rien de moins que de créer, en des mains privées, un système mondial de contrôle financier capable de dominer le système politique de chaque pays ainsi que l'économie mondiale dans son ensemble. Ce système devait être contrôlé sur un mode féodal par les banques centrales agissant de concert dans le monde, au travers d'accords secrets conclus à l'occasion de fréquentes rencontres privées ou conférences. L'apex du système devait être constitué par la Banque des Règlements Internationaux sise à Bâle en Suisse, une banque privée possédée et contrôlée par les banques centrales du monde qui seraient elles-mêmes des corporations privées. Chaque banque centrale, dans les mains d'hommes tels que Montagu Norman de la Banque d'Angleterre, Benjamin Strong de la Banque de la Réserve Fédérale de New-York, Charles Rist de la Banque de France, et Hjalmar Schacht de la Reichsbank, cherchait à dominer son gouvernement par ses capacités à contrôler les prêts au Trésor, à manipuler les cours des changes, à influencer le niveau de l'activité économique dans le pays, et à influencer des politiciens coopératifs par de conséquentes récompenses dans le monde des affaires.* »

Page 324/1367 *Tragédie et Espoir*, 1966, Carol Quigley

En ce XXIe siècle commençant, et depuis une génération, soit depuis une petite trentaine d'années, les peuples du monde, stupéfaits et désorientés, découvrent, et réalisent le raz de marée de la « *barbarie financière* » qui menace aujourd'hui d'emporter toutes les civilisations de l'histoire humaine, même les plus anciennes et fécondes.

En effet, depuis les « *dérèglementations* » financières, et l'essor de la « *globalisation* » des marchés, de la fin des années quatre-vingt, la financiarisation internationale s'est emparée progressivement de toutes les économies du monde, étendant sans cesse la tyrannie de l'exclusivité de la « *logique comptable* ». Dans le même temps la « financiarisation » s'immisce désormais partout toujours plus loin dans l'intimité des rapports humains, bouleversant maintenant les normes culturelles et juridiques des sociétés en imposant (de plus en plus rapidement) sur la surface du globe, la réification de toutes les valeurs humaines.

Chacun reste pétrifié devant l'irruption soudaine d'un tel phénomène qui semble irrésistible - autant qu'inédit dans l'histoire de l'humanité - dans l'incapacité ni d'en percevoir la nature profonde, ni d'en appréhender les mécanismes, car ceux-ci sont dissimulés.

Il est vrai qu'au cœur de cette catastrophe civilisationnelle se cachent la monnaie et la finance, lesquelles constituent l'objet de réflexion sans doute le plus paradoxal, comme le plus subtil, du champ de la pensée économique et de son histoire, quand, pour la plupart d'entre nous, ses aspects paradoxaux l'enveloppent d'un profond mystère.

C'est ce mystère qu'éclaire et dissipe l'ouvrage que le lecteur va lire ici : en une centaine de pages écrites d'une prose dense autant que précise, une juriste[1] spécialisée en droit fiscal s'est jointe à un banquier[2] spécialiste des opérations financières, pour fournir au lecteur les clés qui ouvrent une vision claire de la nature comme de l'ampleur de la catastrophe universelle en cours.

On sait bien depuis Aristote que l'homme est un animal social : c'est-à-dire que c'est par les rapports de toute nature qu'il ne cesse d'entretenir avec ses congénères, qu'il peut s'épanouir, se construire et organiser sa vie.

Or, les fouilles et recherches archéologiques nous précisent que c'est dès le néolithique que les premières sociétés humaines agricoles se sont organisées dans

1 Valérie Bugault est Docteure en droit, ancienne avocate fiscaliste, analyste de géopolitique juridique et économique (http://lesakerfrancophone.fr/category/auteurs/valerie-bugault).

2 Jean Rémy est un spécialiste des systèmes d'information bancaire, ancien banquier international, il a créé il y a une trentaine d'années *la théorie structurale de la monnaie* qu'il a exposée dans un ouvrage (*Théorie structurale de la monnaie et ses applications*). Aujourd'hui en retraite, il est conférencier, et militant pour une moralisation de la finance et de la banque (http://lesakerfrancophone.fr/la-disparition-des-especes-ou-la-lutte-des-banquiers-contre-les-libertes-publiques).

la vallée de l'Indus et en Mésopotamie (Sumer, Akkadie), puis dans la vallée du Nil, pour y fonder, autour de la pratique du signe écrit et symbolique, les premières cités et les premières civilisations.

Les données archéologiques nous révèlent aujourd'hui que celles-ci entretenaient entre elles, voici cinq millénaires déjà, des échanges commerciaux complexes et sophistiqués, qui transcendaient toutes pratiques de troc. Elles nous enseignent en outre que les scribes et maîtres de l'écriture, étroitement associés au palais et au temple, c'est-à-dire aux pouvoirs en place, esquissaient déjà sur leurs tablettes les principes de la comptabilité, et des futures pratiques financières (*Nihil novi sub sole,* selon le célèbre adage tiré de l'Écriture biblique).

C'est au sein de ces grands bassins fluviaux que virent le jour, avec les cités et les premières écritures et mythologies, les premières esquisses des notions d'État, de coutumes et de lois, capables d'organiser la stabilité des rapports entre les membres de ces sociétés et de leur conférer leur sens. Et c'est aussi dans ces premières sociétés qu'apparurent les moyens d'organiser et de faciliter des échanges commerciaux de plus en plus complexes, ce qui constitue déjà le propre, comme on sait, de la fonction primordiale que l'on attribue à la monnaie, alors que les premières monnaies métalliques ne seraient apparues qu'au VIe siècle avant J.-C., en Anatolie (électrum, argent, or).

L'archéologie, comme l'histoire, nous enseignent donc que dès l'origine, c'est de l'organisation même de la cité, de sa mythologie et de ses lois et coutumes qu'ont émergé les procédés comptables, sanctionnés par des scribes spécialisés, qui ont de mieux en mieux rempli les trois fonctions qu'Aristote attribue traditionnellement à la monnaie : unité de compte (mesure normée), réserve de valeur (car constituant un étalon de valeur), et vecteur d'échange ou moyen de paiement.

Ce constat suggère déjà que la pérennité des sociétés humaines exige l'intrication intime de l'État, des lois et de la monnaie.

Et c'est précisément en partant de ces conclusions les plus récentes de l'archéologie que nos auteurs décryptent la catastrophe civilisationnelle, en passe aujourd'hui de nous submerger - en offrant d'abord au lecteur les moyens d'en percevoir la nature (la tentative d'instaurer une dictature universelle post-humaine) et d'en prendre la mesure de la portée - pour énoncer ensuite les principes nécessaires pour la conjurer.

Il faut en effet réaliser que la dialectique, souvent secrète et parfois tumultueuse, entre ***pouvoir*** et ***monnaie-finance*** n'a jamais cessé depuis l'Antiquité de se loger au cœur de l'histoire des sociétés.

Cependant jusqu'à la Renaissance, époque des grandes découvertes et naissance des sciences positives, l'empreinte universelle des mythologies et des religions sur les esprits oignait d'une transcendance le pouvoir politique en l'associant à la divinité. Or, c'est cette même transcendance qui assurait ainsi la pérennité de sa prééminence sur le pouvoir économique et financier, stabilisant la domination du « *fait politique* » sur le « *fait économique* », et communément celle du roi sacré sur le banquier : le roi battait monnaie et rendait la justice, étant lui-même source de droit.

Mais c'est à partir de la réforme protestante des Tudors qu'au XVIIe siècle la puissance discrète des familles commerçantes et financières de La City de Londres a pu orienter les deux révolutions anglaises qui ont bouleversé depuis lors le système politique de l'Angleterre en promouvant le ***parlementarisme*** britannique, fondé sur l'élection, c'est-à-dire sur son financement, pour déboucher en 1694 sur la fondation de la Banque d'Angleterre, banque centrale privée, soumise à leurs intérêts, émettant la monnaie au nom du roi, c'est-à-dire fondée sur la puissance publique.

Cette date marque l'avènement historique, diffusé à partir du monde anglo-saxon d'abord en France puis, de plus en plus largement dans le monde, d'un basculement dynamique du rapport entre le ***politique*** et le ***financier***, l'emprise du second sur le premier, d'abord discrète et masquée, sinon secrète, ne cessant depuis lors de s'affirmer avec toujours plus d'assurance.

Cette assurance est devenue aujourd'hui à la stupéfaction des peuples médusés, une arrogance publique, impérative, se voulant universelle.

Et c'est à bon droit que l'on peut voir dans l'Union européenne actuelle - juridiquement née en 1992 de la mutation discrète à Maastricht de l'ancienne Communauté Économique Européenne - le modèle d'un prochain gouvernement mondial ou ***nouvel ordre mondial***, qui correspond en réalité à la tentative d'instaurer l'utopie mortifère d'une construction humaine d'où le « *fait politique* » aurait disparu au profit du seul « *fait économique et financier* », entièrement et universellement soumis dès lors à une logique comptable formelle et exclusive.

Avec perspicacité, les auteurs ont relevé qu'alors que le *Consul à Vie* Bonaparte avait, quelques mois avant son sacre impérial, promulgué son célèbre Code civil de 1804 (qualifié plus tard par le doyen Jean Carbonnier de « *Constitution civile des Français* »), l'Empereur Napoléon n'hésitait pas, trois ans plus tard - alors même que, dans sa lutte contre la thalassocratie financière et commerciale de Londres, il s'efforçait de verrouiller le Blocus du continent européen - à édicter son Code de commerce de 1807 ouvertement dérogatoire aux principes de son Code civil, engageant ainsi l'évolution funeste qui débouche aujourd'hui sur une véritable inversion des normes de droit.

Nos auteurs nous démontrent en effet comment et à quel point, une inversion aussi fondamentale entre le « ***fait politique*** » et le « ***fait économique et financier*** » affecte les fondements mêmes de toute vie humaine en société, en bouleversant les notions premières du droit et des lois : le droit naturel s'effaçant désormais alors que le droit civil, le droit de propriété et le droit des contrats se soumettent de plus en plus intimement aux principes du droit commercial et financier, interprété selon les seules pratiques des juristes anglo-saxons. Là où par exemple le Code civil français de 1804 distinguait les droits réels exercés sur les biens exclusivement (tels les droits de propriété), des droits personnels (droit des obligations) régissant les rapports entre personnes, les nouvelles normes juridiques communautaires qui traduisent les notions juridiques commerciales et financières anglo-saxonnes introduisent désormais la conception perverse anglo-saxonne de « ***propriété économique*** », axée autour des pratiques commerciales.

Ce concept dévastateur qui viole les principes fondamentaux du droit romain accorde une sorte de droit de propriété pratique, voire prioritaire, à un agent qui finance, qui exploite, entretient, ou qui traite, un bien, peu importe par ailleurs son réel propriétaire juridique nominal. Ce principe fait écho au célèbre aphorisme que le vieux John Rockefeller « the first », le fondateur de la célèbre compagnie pétrolière Standard Oil, avait placé au-dessus de son bureau personnel à la suite de sa sentence « ***Competition is a sin !*** » : « ***Owning is nothing, only matters managing !*** ». C'est donc là une manière de voir dont les plus riches anglo-saxons avaient éprouvé tout l'intérêt potentiel depuis longtemps déjà.

Cette conception juridique selon laquelle les biens n'appartiendraient plus à leurs propriétaires nominaux, constitue en effet le « ***cheval de Troie*** » permettant d'imposer dans les pays de droit écrit, le droit anglo-saxon, lequel historiquement a été développé par les détenteurs du pouvoir économique et pour leurs intérêts bien compris.

C'est de la prééminence de ce concept que dérivent ainsi les pratiques de LBO[3] devenues si communes, qui permettent aujourd'hui de dépecer les industries et entreprises de pays entiers, et, sans grands risques pour leurs acquéreurs à crédit acoquinés avec des banques complices, pour ensuite « les vendre à l'encan *par appartements* ».

Pour le secteur bancaire dans l'Union européenne, c'est sur ce même principe juridique délétère anglo-saxon que les banques s'appuient pour prétendre avoir désormais le droit, en cas d'urgence, de se refinancer directement en se servant elles-mêmes sur les comptes de leurs clients (bail-in).

Ainsi, un à un, sont estompés puis abolis, *de facto* dans la jurisprudence, puis *de jure* au travers de l'énoncé de nouvelles normes juridiques, les grands principes généraux du droit, que ce soient ceux du droit de propriété, du droit des contrats, voire même les notions fondamentales d'où ils sont issus : par exemple celles qui permettent de définir les normes juridiques qui recouvrent le concept (d'origine économique) d'« *entreprise* », devenues de plus en plus étrangères à toute notion d'utilité sociale, à mesure que s'efface par ailleurs la notion fondamentale d'« ***affectio societatis*** » du droit romain d'où elles procédaient jusqu'alors.

Les normes comptables anglo-saxonnes ont en outre été universellement imposées dans les échanges internationaux : d'abord avec les normes IAS (*International Accounting Standards*), puis avec les normes financières du système IFRS (*International Financial Reporting Standards*). Générées à leur profit exclusif par les plus grands détenteurs privés actuels de capitaux, ces nouvelles règles, nous précisent nos auteurs, profitent bien entendu en priorité aux groupes et entreprises multinationales [4].

La notion de « *juste prix* », devenue « ***fair value*** », véhiculée par ces normes, induit, par exemple, de manière structurelle une insécurité sur la valeur des actifs

---

3 *Leverage Buy Out* : technique de rachat d'entreprise avec effet de levier ; cette technique consiste à créer une holding qui s'endettera pour le rachat et qui financera l'emprunt avec les dividendes qu'elle percevra de la société rachetée ; il s'agit d'une technique récente, importée des USA, qui s'analyse en une technique de pure prédation économique avec la complicité des établissements bancaires et des cabinets d'avocats.

4 http://lesakerfrancophone.fr/decryptage-du-systeme-economique-global-67-geopolitique-entreprise-capitalistique-12

composant le bilan des entreprises, générant dès lors une perte de confiance et une insécurité endémique de nature à nuire à l'échange de biens et services, et à fragiliser les établissements, en sorte qu'ils deviennent plus aisément vulnérables à des opérations de LBO (cf. supra). Sous la domination des concepts et pratiques anglo-saxonnes se renforce sans cesse ainsi la cohérence d'un véritable nouveau « ***droit de prédation*** ».

Et, comme les auteurs nous l'expliquent également, cette même confusion juridique criminelle anglo-saxonne entre droits réels régissant les droits des personnes sur les biens et droits personnels régissant les rapports entre personnes, aussi appelé droit des obligations, débouche à présent sur la barbarie ultime de l'appropriation du vivant (brevets sur les semences et sur les produits de la nature) et de la commercialisation du corps humain, voire bientôt des personnes, ouvrant désormais toutes grandes les portes juridiques aux pires délires du transhumanisme.

En effet ce concept anglo-saxon de « ***propriété économique*** » transposé en droit positif, infère d'ores et déjà l'avènement légal du principe d'accaparement et, tandis qu'il rend appropriable la relation humaine (le lien contractuel), il tend à réinstaurer juridiquement le système de l'esclavagisme. Avec l'avènement de cette conception juridique perverse, l'esclavagisme financier de fait est en voie d'être bientôt consacré en esclavagisme de droit, c'est-à-dire juridiquement acté, des corps.

Après avoir souligné que l'archéologie et l'histoire obligent à constater, dans toutes les sociétés humaines organisées, l'intrication inévitable et permanente des fonctions du pouvoir politique, de la loi et de l'organisation des échanges économiques, nos auteurs font observer que, contrairement aux idées communément reçues, les principes des fonctions comptables et financières ont en réalité largement précédé l'apparition des premières monnaies métalliques.

Ils dénoncent ainsi l'un des fondements historiques fallacieux de la pensée monétaire libérale classique, héritée depuis les XVIIe et XVIIIe siècles des conceptions des grands auteurs libéraux britanniques, pour la plupart en fait très proches de la célèbre ***East Indian Company*** financée par La City de Londres. Les auteurs libéraux, stipendiés à un titre ou à un autre du ***pouvoir économique***, ont en effet depuis lors inventé et répandu la fable selon laquelle la monnaie aurait été instituée en remplacement du troc, dans le but réel de justifier le transfert de l'émission monétaire de l'État aux banques privées ; niant ainsi le fait, fondamental, selon lequel l'existence monétaire est, d'abord et avant tout, la conséquence d'une décision politique matérialisée par un acte d'autorité de la puissance publique.

Selon la démonstration de nos auteurs en effet, la monnaie est, dans son essence même, une institution publique, réalisant un service collectif de facilitation des échanges commerciaux et économiques, par l'exercice de la puissance publique, laquelle est seule chargée de la gestion et de la pérennité de la vie commune. Aussi, alors que la monnaie demeure avant tout médiatrice des échanges, bien au-delà du type de matérialisation du signe monétaire lui-même, sa valeur propre intrinsèque n'est constituée que par son utilité sociale (valeur du service rendu à la collectivité).

Selon cette même logique, la monnaie n'est donc pas un bien économique mais un service collectif : valeur intrinsèquement sociale et non pas valeur économique, par nature elle ne doit donc pas être susceptible d'accaparement, alors que c'est elle-même qui établit la mesure de la valeur socialement reconnue des biens et services échangés dans la société.

Base de la régulation des échanges par sa nature propre, la monnaie s'est historiquement incarnée selon divers avatars matériels du signe monétaire, par lesquels seules les populations en ont la connaissance : hypnotisées exclusivement par son support matériel et concret, elles sont restées impuissantes à appréhender la nature abstraite de la monnaie, d'où leur désarroi devant ce qu'elles perçoivent comme une sorte de mystère.

Si longtemps incarné par des métaux précieux, le signe monétaire n'a en effet pas manqué d'être totalement confondu avec eux, avec l'or en particulier, dans les mentalités. Et comme l'or, outre la faculté d'organiser la validation des échanges en tant qu'incarnant un signe monétaire, constitue en tant que métal précieux un *bien économique* ayant par lui-même une valeur propre intrinsèque, les populations ont toujours eu tendance à considérer la monnaie comme constituant par elle-même un bien économique, en dépit de sa nature profonde de service collectif (méta ou supra-économique) qu'elles ne peuvent percevoir. Ainsi considérer la monnaie comme un « ***bien économique*** » conduit-il à nier et à détruire sa nature première de régulatrice des échanges, jusqu'à ébranler aujourd'hui à leur base les sociétés humaines.

Née en fait dans le secret des écritures comptables en partie double, la monnaie émane aujourd'hui universellement des banques privées, sous la forme de signes monétaires revêtus de la puissance publique, constitués d'une double face ***créance-dette*** à l'égard de ces banques. Les monnaies sont ainsi devenues désormais ce que les économistes désignent sous le terme de « ***fiat-monnaies*** », ou monnaies créées ex nihilo, soit de ***purs vecteurs mathématiques juridiques comptables*** que l'un des auteurs, le financier Jean Rémy, appelle la « monnaie structurale », qu'il présente dans la dernière partie du présent essai, et dont il explicite plus précisément les modalités de fonctionnement dans son ouvrage du même nom.

À mesure que le rôle des financiers s'est affirmé dans la société, la législation anglo-saxonne s'est également ingéniée depuis le XVIIIe siècle à défendre toujours plus efficacement leur anonymat, selon le concept juridique britannique de ***privacy***, ou préservation de la vie privée. C'est cette même approche formelle et juridique qui a permis l'instauration et la multiplication des paradis fiscaux actuels, dont une cinquantaine sont intimement liés à la seule City de Londres, préservant férocement l'anonymat des donneurs d'ordre financiers, tout en organisant l'impunité de l'évasion fiscale, aujourd'hui générale, des grandes compagnies internationales et financières.

De même, c'est du droit néerlandais et anglo-saxon qu'est issu le concept juridique de trust. Ces institutions juridiques en matières commerciale et financière, opposent aujourd'hui le secret et l'anonymat des acteurs, des donneurs d'ordre, voire de leurs acquisitions matérielles, les plus impénétrables aux enquêteurs officiellement chargés de lutter contre les trafics criminels qui désorganisent et déchirent les sociétés contemporaines.

Aujourd'hui, dans le même temps que les législations ne cessent de verrouiller plus hermétiquement l'anonymat, la sécurité et l'impunité des donneurs d'ordre financiers, les campagnes médiatiques cherchent, au nom de la « *lutte contre le financement du terrorisme* », à faire accepter par les populations de l'Union européenne et du monde le principe de ce que l'on nomme la disparition du « *cash* », ou suppression de l'argent liquide, lequel permet l'anonymat de leurs paiements aux utilisateurs de la monnaie ; toutes les transaction devenant dès lors numérisées, informatisées et centralisées par les banques usurpatrices du pouvoir monétaire. Qui ne voit l'extraordinaire régression des libertés publiques qui serait ainsi imposée aux populations, si une telle extravagante proposition devait être appliquée ? Cette tentative même de l'imposer devrait être de nature à sonner le tocsin auprès de l'opinion publique en France comme dans les pays de l'Union européenne et du monde.

À la lecture des pages qui suivent, le lecteur pourra donc mesurer l'urgence vitale du rétablissement de la prééminence des principes de la loi et du droit sur ceux de la finance et du commerce.

La loi doit donc désormais réaffirmer avec force que les principes de la loi civile priment sur ceux des lois commerciales ou financières : elle doit réaffirmer clairement la prééminence du Code civil sur les codes commerciaux et financiers, lesquels ne sauraient être que des droits dérivés des droits réels et droits des personnes, et non être imposés de plus en plus comme principes juridiques supérieurs. Mais qui ne voit que cette restauration salutaire demeure intimement liée au rétablissement concomitant de la tutelle du ***politique*** sur la monnaie et la finance ?

La clé de la survie des sociétés est donc aujourd'hui de nature purement politique ; elle ne saurait être issue du monde des juristes ou des acteurs économiques.

C'est donc d'une véritable révolution des peuples contre l'épiphanie actuelle de plus en plus explicite de la tyrannie financière universelle de petits cénacles financiers privés protégés par l'anonymat, dont il s'agit désormais en ce début du XXIe siècle.

Serait-il très vite largement connu et médité, que le présent essai serait vraiment de nature à fissurer la terrifiante invincibilité apparente de l'essor actuel extraordinaire de cette tyrannie monstrueuse que nous évoquions au début de cette préface.

Philippe Bourcier de Carbon
Président-fondateur
AIRAMA
(Alliance Internationale pour la Reconnaissance des Apports de Maurice Allais en Physique et en Economie)

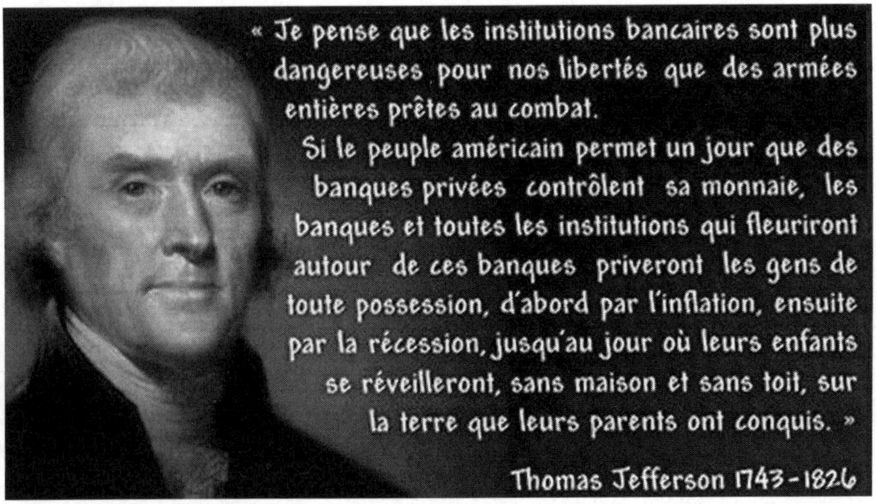
« Je pense que les institutions bancaires sont plus dangereuses pour nos libertés que des armées entières prêtes au combat.
Si le peuple américain permet un jour que des banques privées contrôlent sa monnaie, les banques et toutes les institutions qui fleuriront autour de ces banques priveront les gens de toute possession, d'abord par l'inflation, ensuite par la récession, jusqu'au jour où leurs enfants se réveilleront, sans maison et sans toit, sur la terre que leurs parents ont conquis. »
Thomas Jefferson 1743-1826

« Jamais on ne corrompt le peuple, mais souvent on le trompe »[1]

Rousseau

I. INTRODUCTION – PROLÉGOMÈNES

Tout a commencé par une prise de conscience… La prise de conscience désagréable que nous évoluons, individuellement et collectivement, d'un point de vue aussi bien privé que professionnel, dans un monde non pas libre comme nous l'entendons à longueur de journée mais au contraire ultra-contrôlé, jusqu'au vocabulaire et aux aspects métaphysiques, par une toute petite caste autoproclamée « élite ».

Car il faut en effet dès à présent clarifier les termes de la problématique : une élite est, d'un point de vue sémantique, socialement acceptée et reconnue pour ses qualités[2]. Lorsque l'on parle « d'élite autoproclamée » ou « d'élite corrompue » on évoque en réalité un concept tout autre que celui d'élite[3]. Il n'y a pas d'élite corrompue tout simplement parce que la corruption n'est à l'évidence pas une qualité pouvant être socialement valorisée ; de la même façon, une élite « autoproclamée » ne doit pas sa position sociale à des qualités socialement valorisées. Le droit, le juste, l'organisation sociale - dont l'organisation économique fait partie – sont intimement liés à l'intégrité de la langue, sans laquelle les différents membres du corps social ne peuvent plus communiquer utilement, c'est-à-dire ne peuvent plus se comprendre ; sans terminologie commune acceptée, les problèmes ne peuvent plus être résolus et le désordre social s'aggrave. Aussi, le combat actuel pour le juste doit-il s'accompagner de celui, essentiel, consistant à rendre au français

1 Cf. Jean-Jacques Rousseau « Du contrat social », G-F Flammarion, 1992, Livre II chap. 3, page 54

2 Le dictionnaire Larousse définit le terme « élite » comme suit : « groupe minoritaire de personnes ayant, dans une société, une place éminente due à certaines qualités valorisées socialement. »

3 Ecouter, à cet égard, la très pertinente analyse d'Arnaud Aaron Upinsky, à partir de la minute 26 : https://www.youtube.com/watch?v=sVwdwIcUGOE ; et également, à partir de la minute 18 : https://www.youtube.com/watch?v=r3tEcBZu2Eg).

son rôle de langue vernaculaire et sa prééminence sociale. Remettre la langue française au cœur de la vie en société permettra de rendre aux mots un sens unique et juste, ce qui aura pour conséquence le retour du « discuter ensemble » et participera, de facto, à une amélioration de la cohésion sociale. Le retour de l'usage des bons mots participera en premier lieu à la disparition des « maux » sociaux et politiques dont la France est affligée. Il faut rendre ici hommage au courageux combat mené par Arnaud Aaron Upinsky[4], candidat (évidemment malheureux, dans le contexte politique actuel) à l'Académie française.

La caste contrôlant les domaines économiques et financiers, frange infinitésimale de la population, a pris le pouvoir politique ; elle organise et maintient son contrôle total sur les populations du monde au moyen de deux outils que sont l'anonymat des détenteurs de capitaux et le contrôle des monnaies. Par « contrôle des monnaies », il faut comprendre le contrôle de la masse monétaire en circulation ; ce contrôle se faisant au moyen de la centralisation des questions monétaires au sein de « banques centrales », gérées par et pour les intérêts privés de cette caste.

À eux-seuls, les deux outils que sont l'anonymat des capitaux et le contrôle des monnaies permettent le contrôle des flux de capitaux, des paradis fiscaux, des médias, des armes, des trafics en tous genres (qui permettent le financement des opérations de renseignement, ainsi que des opérations militaires et paramilitaires plus ou moins secrètes) ; ils ont finalement pour conséquence la mise sous tutelle des peuples et des États, et la disparition du concept de « fait politique ». Ces deux outils, nés en Europe et propagés aux pays occidentaux, se prolongent au niveau international par l'existence d'organismes tels que la Banque des règlements internationaux (BRI/BIS), l'OCDE, l'OMC, la banque mondiale, le FMI (organismes financiers issus des accords de Bretton Woods) et plus récemment du FMA[5], qui est la déclinaison locale, sur fonds de fédéralisme, de la notion de fonds monétaire oligarchique. Il en ira des fonds monétaires comme des banques centrales et de l'organisation territoriale : un fédéralisme de façade organisé au profit des tireurs de ficelles.

La question fondamentale qui se pose aujourd'hui aux peuples européens et par extension à tous les peuples du monde, en raison de l'universalisme du modèle socio-politique qui s'applique à l'échelle internationale, est la suivante : sommes-nous bien gouvernés ?

4 Cf. http://upinsky.work/wp-content/uploads/2017/01/ Lettre-Ouverte-de-saisine-de-lAcadémie-française-du-14-janvier-2017-à-son-Secrétaire-perpétuel..1157.pdf ; http://upinsky.work/2017/01/23/saisine-de-lacademie-francaise-sur-la-mise-a-mort-de-la-langue-francaise-2/

5 Fonds monétaire asiatique : http://www.dzentreprise.net/fonds-monetaire-asiatique/

Pour répondre à cette question, il faudrait se mettre d'accord sur les critères qui définissent un « bon gouvernement », ce qui peut paraître hasardeux. Comme le remarquait déjà Jean-Jacques Rousseau[6], les uns mettront leur priorité sur la sécurité publique, les autres la mettront sur la propriété ou la liberté, untel voudra prévenir les crimes tandis que son voisin préfèrera les punir sévèrement... Néanmoins, en occident et ailleurs, les mots actuellement les plus fréquemment émis sont « crises », « problèmes sociaux et économiques »... Finalement, le terme « crise » est certainement celui ayant le plus de récurrence au travers des médias mais aussi et surtout, dans les conversations et préoccupations quotidiennes des gens. Dans ces conditions, il semble raisonnable de considérer que la réponse à la question « sommes-nous bien gouvernés » est négative. Des États qui ressassent, à l'infini, les « crises » et les « problèmes » ne sont probablement pas « bien gouvernés ». Mais qu'est-ce qu'être « bien gouverné », et qu'est-ce qu'un « bon gouvernement » ?

Pour Jean-Jacques Rousseau, la réponse – à laquelle nous adhérons pleinement - à la question quel est le « meilleur gouvernement » dépend des peuples concernés et du contexte politique et culturel dans lequel ces peuples s'inscrivent. Rousseau précise toutefois que les signes d'un « bon gouvernement » se trouvent dans l'existence d'une démographie florissante[7]. Cette analyse est la conséquence logique du postulat de départ selon lequel l'objectif de la politique est « la conservation et la prospérité de ses membres ». Or, si l'on en croit de très sérieuses études démographiques[8], quoiqu'en dise le controversé rapport Meadows de 1972 rédigé à l'initiative du Club de Rome, l'ensemble du monde occidental a connu, au cours

---

6 Cf. Jean-Jacques Rousseau, *Du contrat social*, GF Flammarion, 1992, page 112.

7 Idem : « Les quantités morales manquant de mesure précise, fût-on d'accord sur le signe, comment l'être sur l'estimation ? Pour moi, je m'étonne toujours qu'on méconnaisse un signe aussi simple, ou qu'on ait la mauvaise foi de n'en pas convenir. Quelle est la fin de l'association politique ? C'est la conservation et la prospérité de ses membres. Et quel est le signe le plus sûr qu'ils se conservent et prospèrent ? C'est leur nombre et leur population. N'allez donc pas chercher ailleurs ce signe si disputé. Toutes choses d'ailleurs égales, le gouvernement sous lequel, sans moyens étrangers, sans naturalisations, sans colonies, les citoyens peuplent et multiplient davantage est infailliblement le meilleur : celui sous lequel un peuple diminue et dépérit est le pire... ».

8 Cf. Philippe Bourcier de Carbon « Les perspectives de croissance au XXIe siècle dans un contexte d'implosion démographique » Université Panthéon-Assas, Paris, 28 mai 2008 ; conférences données dans le cadre du colloque organisé par l'Institut de géopolitique des Populations (IGP) le 28 mai 2005 et intitulé « Les perspectives de croissance au XXIe siècle dans un contexte d'implosion démographique », publié aux éditions l'Harmattan IGP n°15 sous la direction d'Yves-Marie Laulan.

des années 1970, une inversion de sa pyramide des âges, tandis que la décennie des années 2010 a vu l'achèvement de la transition démographique pour la quasi-totalité des pays du monde, à l'exception notable de l'Afrique Sahélienne et Équatoriale (Éthiopie, Nigéria, Congo Kinshasa) et de quelques pays musulmans comme le Pakistan et le Bengladesh. Ainsi, à l'aube du XXIe siècle, l'ensemble du monde est engagé dans un véritable processus d'implosion démographique, qui est à l'opposé exact des postulats du rapport Meadows. Il en va du domaine démographique comme de tous les domaines : l'excès en tout est nuisible, « la modération est la vertu de la prospérité ». Ce qu'il faut néanmoins souligner avec force est l'actuelle inéluctable tendance à la diminution démographique : tendance commencée en occident et propagée au reste du monde à mesure que le modèle socio-politique occidental s'y imposait. On entend partout que la surpopulation mondiale est le problème alors que justement, les faits démontrent une diminution - particulièrement drastique et inquiétante pour les peuples européens - de la population mondiale.

Quoiqu'il en soit, si l'on suit la légitime conception du « fait politique » décrite par Jean-Jacques Rousseau, la conclusion inéluctable résultant de l'existence d'un processus d'implosion démographique à l'échelle mondiale est que les différents pays du monde sont mal, voire très mal, gouvernés. Cette analyse est par ailleurs parfaitement cohérente avec toutes les analyses récentes concernant les thèmes économiques, juridiques, politiques, alimentaires, environnementaux, médicaux etc. Il résulte de ces diverses études - à visées plus ou moins scientifique - que la survie de l'espèce humaine, comme celle d'autres espèces vivantes, est actuellement dangereusement mise en question. Toutes ces analyses, diverses et variées, matérialisent un faisceau concordant d'indices tendant à démontrer que le monde, et en premier lieu le monde occidental, est effectivement très mal gouverné ; mal gouverné au point de s'être écarté du chemin de la civilisation et de remettre en question la pérennité du vivant sur terre.

Face à l'inéluctabilité apparente du désordre social et politique actuel, deux solutions se présentent à l'esprit : premièrement, courber l'échine en espérant que la divine providence arrange, un jour, les choses. Deuxièmement, chercher et trouver des moyens intellectuels et méthodologiques pour tenter d'inverser les sous-jacents théoriques et institutionnels ayant rendu possible la situation actuelle. Partant du principe qu'un problème sans solution apparente est un problème, par hypothèse, mal posé, nous avons opté pour la solution dynamique. La présente étude adopte un point de vue géopolitique fondé sur une analyse juridique des processus politiques en question. Elle a pour objectif, dans un premier temps, de mettre en évidence la source des actuels disfonctionnements afin, dans un second temps, de leur apporter le « remède », politique et juridique, adéquat.

Dans cette perspective, le présent ouvrage détaillera et analysera la « souveraineté » (première partie), « l'organisation juridique de la vie en société » (deuxième partie) et proposera, à des fins opérationnelles, une analyse juridique du concept de « monnaie » (troisième partie).

II. PREMIÈRE PARTIE : DE LA SOUVERAINETÉ

Nous analyserons les sujet et objet de la « souveraineté » avant d'en décrypter la nature précise. Il s'agira, dans cette deuxième partie, de déterminer les conséquences de la souveraineté en termes de pouvoir : ce qui revient à déterminer à qui échoit effectivement la souveraineté dans le contexte actuel.

A. Sujet et objet de « souveraineté »

Parler de « fait politique » c'est parler de la politique dans son sens premier qui est « l'organisation des affaires publiques », autrement dit des relations sociales, interindividuelles et de groupes, entretenues par les gens vivant sur un territoire donné.

Parler de « politique » - ou de « fait politique » - nécessite de détailler le terme de souveraineté car il ne peut y avoir de « fait politique » que souverain. Sans souveraineté – l'histoire récente de l'occident le démontre abondamment –, il n'existe pas de « fait politique » mais une aliénation des hommes politiques et des organisations sociales à des intérêts privés.

Or, qu'est précisément la souveraineté ? Car on ne saurait parler de souveraineté sans en préciser sa définition : par qui et comment s'exerce précisément la souveraineté, dans quelle limite et avec quelle légitimité ? Ces quelques précisions sont d'autant plus indispensables que trop de gens – issus de tous les horizons visibles – se prononcent aujourd'hui en France (et ailleurs) pour un retour de la « souveraineté ». Aucun de ces imprécateurs ne prend en revanche la peine de préciser de quelle souveraineté il s'agit. Or, c'est précisément ce tour de passe-passe, consistant à éviter tout débat et toute réflexion sur la notion de « souveraineté », qui permet les pires manipulations des opinions publiques. La notion de souveraineté doit impérativement être précisée, afin d'être autre chose qu'un terme incantatoire utilisé à des fins de prise – ou de conservation - de pouvoir par des groupes illégitimes.

Nous considèrerons dans un premier temps l'objet de la souveraineté et, dans un second temps, le sujet de la « souveraineté ».

1. L'objet de la souveraineté : « nation » ou « État » ?

Analyser l'objet de la souveraineté consiste à analyser sur quel support juridique s'exerce la « souveraineté » : est-ce l'État ou est-ce la nation ?

Si l'on parle de souveraineté nationale, ce qui est le cas en France depuis 1791, il faut alors préciser ce qu'est une « nation ».

Juridiquement, la nation correspond à « une communauté généralement fixée sur un territoire déterminé dont la réalité résulte de caractéristiques ethniques, linguistiques, culturelles, de coutumes sociales, de traditions historiques et religieuses, tous facteurs qui développent un sentiment d'appartenance et des aspirations politiques trouvant leur manifestation essentielle dans la volonté collective de s'ériger en corps politique souverain au regard du droit international »[9].

Ainsi, lorsque l'on parle de souveraineté nationale, on signifie l'indépendance ou plutôt l'autonomie politique d'une entité territoriale sur laquelle vit une population présentant un bon niveau de cohésion culturelle. On parle d'un territoire sur lequel évoluent des individus ayant globalement les mêmes rythmes de vie, les mêmes croyances, la même langue et les mêmes habitudes comportementales.

Qu'en est-il aujourd'hui de la notion de « nation » ainsi définie ? En raison du développement des moyens de transports et du brassage culturel et ethnique - lui-même abondamment organisé[10] - que cette évolution technique a engendré ou rendu possible, on ne peut que constater que de telles entités territoriales semblent de plus en plus difficiles à identifier. La taille du territoire géographique considéré n'est pas réellement susceptible de changer cette analyse. En effet, dans les pays occidentaux, il est actuellement tout aussi probable de trouver une grande variété d'us et coutumes dans la circonscription d'une commune, voire même d'un arrondissement, que sur le territoire national. Le seul point sur lequel on puisse se prononcer est que, d'une façon générale, l'analyse de la cohésion des groupes humains varie d'un endroit à un autre en fonction essentiellement des facilités d'accès, en termes de transport et en termes administratifs.

9 Cf. *Vocabulaire juridique* de Gérard Cornu, association Henri Capitant.

10 Cf. par exemple les déclarations de Peter Sutherland : http://lesobservateurs.ch/2015/10/23/peter-sutherland-representant-de-lonu-pour-les-migrations-veut-que-les-nations-abandonnent-toute-souverainete/ ; http://www.bvoltaire.fr/floriantoumit/grande-banque-service-de-limmigration-clandestine,184990 ; http://www.un.org/press/fr/2006/SGA976.doc.htm

S'agissant de « nation », il faut encore préciser que toute appréciation est subjective car elle varie en fonction du niveau d'homogénéité exigé. Un groupe d'hommes parlant la même langue, ayant globalement les mêmes usages, respectant les mêmes principes moraux mais ayant des croyances différentes peut-il être considéré comme un groupe homogène ? Oui diront les uns, non répondront les autres.

La solution à ces problèmes insolubles – car nous ne mettrons jamais tout le monde d'accord - réside dans la notion « d'État », qui est une construction juridique permettant de gérer, sur un territoire donné, des humains qui consentent – ce qui suppose une volonté éclairée – à participer en commun à des institutions qui organiseront, à différents niveaux, les relations générées spontanément par la vie en commun.

Il résulte des précisions juridiques ci-dessus que la souveraineté de la France, n'a et ne peut avoir pour objet une « nation » qu'à la condition exclusive d'avoir une conception politique extrêmement large de ce concept. Plus sérieusement et de façon indiscutable, la souveraineté de la France a pour objet l'État. Il n'est pas, à ce niveau de notre analyse, question d'apprécier la réalité politique de la souveraineté française, qui sera analysée ci-dessous au cours de l'étude concernant le sujet de la « souveraineté ».

Si l'on parle de souveraineté étatique, il faut alors préciser ce qu'est « l'État », étant entendu que ce terme diffère de celui de nation telle qu'identifiée ci-dessus.

Juridiquement, un « État » est « une entité juridique formée de la réunion de trois éléments constitutifs -population, territoire, autorité politique - et à laquelle est reconnue la qualité de sujet du Droit international ». Autrement dit, l'État est un « groupement d'individus fixé sur un territoire déterminé et soumis à l'autorité d'un même gouvernement qui exerce ses compétences en toute indépendance en étant soumis directement au droit international »[11].

Ainsi, il apparaît que les termes de « nation » et « d'État » sont distincts l'un de l'autre. Alors que la nation découle d'une organisation humaine plus ou moins spontanée et naturelle (étant précisé que l'harmonisation des règles de vie, de la langue et des croyances a pu être plus ou moins forcée par un ou des groupes d'individus), « l'État » apparaît être une stricte construction juridique. Il faut toutefois nuancer la distinction car une nation, fruit d'un rassemblement plus

11 Cf. *Vocabulaire juridique* de Gérard Cornu, association Henri Capitant.

ou moins spontané d'individus, sera matérialisée par des institutions ; la nation deviendra ainsi un État.

Si la nation prend nécessairement, à un moment ou à un autre, la forme d'un « État », en revanche, un État ne forme pas nécessairement une « nation ». Nous avons vu que la notion de « nation », couramment employée, est dans les faits plus difficile qu'il n'y paraît à identifier. L'objet de la souveraineté peut donc être soit une « nation », elle-même organisée en État – on parle alors « d'État-nation » - soit un « État ». Le choix institutionnel entre « État-nation » ou simple « État » n'est pas susceptible d'être imposé de façon mécanique : tout est, ici comme ailleurs, fonction du contexte particulier à un territoire donné.

Quoiqu'il en soit, nous voici arrivés au niveau de l'État, que celui-ci soit ou non identifié par une « nation ». Il faudra que les hommes qui organisent cet État délimitent le niveau d'intrusion de l'organisation étatique dans les relations interindividuelles et intergroupes. Pour que l'État ainsi défini soit viable, la délimitation du niveau d'intrusion du collectif dans les vies des particuliers doit être librement acceptée par les ressortissants de cet État.

Il est ici question, chacun l'aura deviné, de « l'État » conçu comme un « contrat social »[12]. Ce contrat social ne relève évidemment pas d'un contrat au sens du droit privé, il s'apparente à la notion politique de souveraineté populaire. Le « contrat » en question s'entend de la création volontaire par une population (entendue comme l'ensemble des membres, en capacité de jugement, habitant sur un territoire donné) d'institutions juridiques communes. Ces institutions juridiques, qui formeront l'État, auront une existence en droit international.

La légitimité de cet État est assise sur le fait qu'il est une émanation juridique directe de la volonté expresse et libre du peuple qu'il représente. Il faut ici préciser que la volonté populaire dont il est question s'entend d'une volonté majoritaire car il ne sera très probablement pas possible de mettre d'accord 100 % des personnes vivant sur un territoire donné. Le plus important est que les institutions juridiques, qui forment l'État, organisent de façon systématique la représentation institutionnelle de toutes les catégories culturelles, sociales, professionnelles qui coexistent sur le territoire gouverné.

12 Cf. Jean-Jacques Rousseau, *Du contrat social*, GF Flammarion, 1992, Livre I, chapitre VI, p. 38 à 40.

L'histoire est là pour attester du fait que la seule façon pour que « l'État » fonctionne correctement, c'est-à-dire avec un bon niveau d'efficience et sans déperdition excessive de ressources, est que ce mode de fonctionnement fasse l'objet d'une approbation des individus à qui il s'impose. Autrement dit, une des garanties de bon fonctionnement de « l'État » est qu'il soit accepté par la population à laquelle il s'applique. Lorsque les populations ont le sentiment de devoir subir l'État, elles rechignent et font de la résistance active et/ou passive à tout bout de champ, ce qui crée des crispations, des conflits larvés ou ouverts et fait perdre beaucoup d'efficacité, et de légitimité, à la fonction étatique.

Une autre garantie essentielle au bon fonctionnement de l'État est que celui-ci soit géré en conscience, sans abus, par des hommes dévoués et intègres ; ce qui suppose l'existence institutionnelle de forces populaires « de rappel », matérialisées par une forme ou une autre de « mandat impératif » qui s'impose au gouvernement. Dans le cas contraire, on en revient à un État subi par ses ressortissants : le « contrat social » ci-dessous mentionné est rompu, ce qui a pour conséquence de faire perdre la légitimité à « l'État » et finalement, de remettre en cause la légitimité du « fait politique » lui-même. C'est précisément cette dernière situation que nous connaissons actuellement en France en particulier, et plus généralement dans tous les pays occidentaux.

En d'autres termes, nous plaidons ici pour l'organisation d'un « État », conçu comme étant un « contrat social », organisé autour de règles de fonctionnement fondées sur un processus populaire volontaire d'ordre majoritaire. Ces règles de fonctionnement de l'État doivent être organisées autour de relais des besoins de la population, appelés « corps intermédiaires » ; elles seront par ailleurs subordonnées au respect d'une conception rénovée du droit naturel[13].

2. Le peuple est le sujet de la souveraineté

Une fois établi que l'État est l'objet de la souveraineté, il faut analyser le sujet de cette souveraineté.

« L'État » décrit ci-dessus, qu'il soit ou non un « État-nation », est composé d'individus vivant sur un territoire délimité et qui acceptent de se doter d'institutions

13 Cf. http://lesakerfrancophone.fr/decryptage-du-systeme-economique-global-77-geopolitique-du-concept-de-propriete-privee-12

chargées d'organiser leur vie en commun. Dans ce sens, le « sujet » de la souveraineté est la population vivant sur le territoire en question. Nous retrouvons ici l'idée politique de « peuple souverain » qui a émergé au moment de la Révolution française mais n'a, en pratique, jamais été mise en œuvre jusqu'à ce jour.

Mettre en œuvre l'idée selon laquelle le peuple est le sujet de la souveraineté suppose de transcrire dans les institutions, une exigence de mandat impératif, qui s'oppose radicalement à l'idée de mandat représentatif que nous connaissons actuellement.

a. Le principe du mandat impératif peut être, d'un point de vue politique, efficacement mis en œuvre par la création de « corps intermédiaires » institutionnels

Au tout début de la Révolution française, les représentants du peuple ont abandonné la technique du mandat impératif (qui prévalait dans le système des états généraux de l'Ancien Régime[14]) pour adopter celle, infiniment moins contraignante d'un point de vue politique, du mandat représentatif. Lors de la séance du 8 juillet 1789, les députés ont voté l'interdiction du mandat impératif[15] ; dès le lendemain, l'Assemblée Nationale (le Tiers-État s'était déclaré Assemblée Nationale le 17 mai précédent), née des états généraux convoqués à Versailles par le Roi le 5 mai de la même année, se déclare constituante.

Il faut ici rappeler que Rousseau lui-même dans son fameux « contrat social » préconisait le mandat impératif et vilipendait le mandat représentatif dans les termes suivants : « La souveraineté ne peut être représentée, par la même raison qu'elle ne peut être aliénée ; elle consiste essentiellement dans la volonté générale et la volonté ne se représente point… Les députés du peuple ne sont donc ni ne peuvent être ses représentants, ils ne sont que ses commissaires ; ils ne peuvent rien conclure définitivement. Toute loi que le peuple en personne n'a pas ratifiée est nulle ; ce n'est point une loi. Le peuple anglais pense être libre ; il se trompe fort, il ne l'est que durant l'élection des membres du parlement ; sitôt qu'ils sont élus, il est esclave, il n'est rien. Dans les courts moments de sa liberté, l'usage qu'il en fait mérite bien qu'il la perde. L'idée des représentants est moderne : elle nous vient du gouvernement féodal, de cet inique et absurde gouvernement dans

14 Cf. https://fr.wikipedia.org/wiki/%C3%89tats_g%C3%A9n%C3%A9raux_(France)
15 Cf. http://blog.projetarcadie.com/content/origine-interdiction-mandat-imperatif

lequel l'espèce humaine est dégradée, et où le nom d'homme est en déshonneur. Dans les anciennes républiques et même dans les monarchies, jamais le peuple n'eut de représentants... La loi n'étant que dans la puissance législative, le peuple ne peut être représenté ; mais il peut et doit l'être dans la puissance exécutive, qui n'est que la force appliquée à la loi... Quoiqu'il en soit, à l'instant qu'un peuple se donne des représentants, il n'est plus libre ; il n'est plus. »[16].

On ne peut être plus clair : pour Rousseau comme pour n'importe quel esprit cohérent, le système représentatif est la négation exacte de la souveraineté populaire. Il faut ici insister sur le fait que le principe du mandat représentatif, mis en œuvre dans ce qu'il est convenu d'appeler « démocratie parlementaire », est une invention britannique importée sur le territoire français par la Révolution de 1789, dite française. Alors que selon J-J Rousseau, le mandat impératif était seul à même de réaliser la « souveraineté populaire », c'est la « souveraineté nationale » et le mandat représentatif qui seront imposés par les révolutionnaires. La « souveraineté nationale », qui s'imposera au moment de la Révolution française[17], n'est, par essence, pas populaire ; son origine n'est, au surplus, pas française.

Cet évènement a une importance politique considérable. Il signifie que la « souveraineté » qui résulte de la Révolution française, importée du modèle anglais, sera entre les mains d'un groupe d'individus dont l'ambition était, sous la bannière de « démocratie » et de « volonté populaire », en réalité de prendre le pouvoir politique. La volonté populaire apparait ainsi, dès la Révolution française, comme une justification officielle, un prétexte institutionnel. La « volonté populaire » a en réalité été instrumentalisée, au moment de la Révolution de 1789, par un groupe d'individus (bourgeoisie commerçante et bancaire) à des fins de prise de pouvoir politique. La bourgeoisie commerçante et bancaire a instrumentalisé le « fait révolutionnaire » pour remplacer le système politique monarchique, fon-

16 Cf. Jean-Jacques Rousseau, *Du contrat social*, GF Flammarion, 1992, pages 122 à 124.

17 Rappelons que la Déclaration des Droits de l'Homme et du Citoyen du 26 août 1789, commence par expliquer que « Les représentants du peuple français, constitués en Assemblée Nationale... » ; La Constitution du 3 septembre 1791 (Monarchie constitutionnelle) dispose quant à elle dans l'article premier de son Titre III que « La souveraineté est une, indivisible, inaliénable et imprescriptible. Elle appartient à la Nation... », l'article 2 précisant immédiatement « La Nation, de qui seule émane tous les pouvoirs, ne peut les exercer que par délégation. La Constitution française est représentative... ». Si la Constitution de la I[e] République affirme comme une pétition d'intention, dans son article 27 que « la souveraineté réside essentiellement dans le peuple entier », elle n'en organise pas moins un pouvoir législatif élu, son article 188 proclamant « Au corps législatif seul appartient l'exercice plein et entier de la puissance législative. »

dé sur l'aristocratie et le Roi, par un système fondé sur le commerce, dans lequel les détenteurs de la puissance économique sont prééminents.

Aujourd'hui, il s'agit donc de déconstruire ce processus de prise de pouvoir politique afin de mettre « la volonté populaire » réellement au centre des institutions politiques et juridiques réalisant l'État. Comme le remarquait déjà Rousseau, la meilleure façon de mettre en œuvre la volonté populaire est la démocratie directe. Mais comment celle-ci peut-elle être effectivement réalisée alors qu'« On ne peut imaginer que le peuple reste incessamment assemblé pour vaquer aux affaires publiques... »[18] ? Comme Rousseau lui-même le remarque, « à prendre le terme dans la rigueur de l'acception, il n'a jamais existé de véritable démocratie, et il n'en existera jamais ».

Si tout le monde ne peut pas prendre les décisions politiques nécessaires à la direction d'un État, la volonté populaire doit néanmoins être à l'origine des grandes orientations politiques de cet État. Dans le contexte où l'État ne peut pas se passer d'un gouvernement pour mettre en œuvre ces grandes orientations et assurer l'organisation courante et la gestion quotidienne de l'État, la question devient : comment concrètement organiser de façon institutionnelle la prise en compte des besoins de la population, dans toute sa diversité, par le gouvernement ? Il s'agit d'organiser des relais de la volonté populaire dans toute la diversité de ses intérêts, les différentes parties du secteur non marchand devant être représentées dans les mêmes proportions que les différentes composantes du secteur marchand. La solution la plus simple à mettre en œuvre est la création de « corps intermédiaires » eux-mêmes régis par le principe du mandat impératif. Ces corps intermédiaires seront le support sur lequel le gouvernement devra s'appuyer pour réguler et gérer l'organisation sociale.

Ces « corps intermédiaires » permettront au peuple de contrôler le gouvernement en imposant de façon institutionnelle à ce dernier de connaître et préserver les besoins et revendications de la population dans sa diversité ainsi que de répondre aux doléances du corps social organisé. L'existence institutionnelle des « corps intermédiaires » permettra de refléter, le plus fidèlement possible, les différentes composantes du corps social. Les différents métiers mais aussi toutes les personnes n'évoluant pas dans la vie économique ainsi que les différents mouvements spirituels et religieux doivent avoir des relais institutionnels auprès du gouvernement.

18 Cf. Jean-Jacques Rousseau, *Du contrat social*, GF Flammarion, 1992, Livre III, chapitre IV, « De la démocratie », page 95.

Ces corps intermédiaires doivent être organisés et doivent fonctionner selon le principe du mandat impératif, seul à même de garantir leur respect des intérêts dont ils sont les porte-paroles et dont ils doivent se faire l'écho fidèle auprès du gouvernement. À cet effet, le non-respect du mandat impératif doit être juridiquement et institutionnellement sanctionné.

Le gouvernement de l'État ainsi compris devra en outre, indépendamment de la volonté populaire exprimée, respecter les préceptes de la loi naturelle traduite en droit naturel. Cette loi naturelle est au-dessus de toutes les constructions humaines car elle garantit en elle-même la pérennité et la viabilité de la vie sur Terre.

Le gouvernement qui ne respecterait pas la loi naturelle perdrait de facto, comme celui qui ne respecterait pas la volonté populaire telle qu'exprimée par les « corps intermédiaires » tout droit juridique à gouverner.

b. La loi naturelle, transcrite en droit naturel, est au-dessus de toute construction humaine

L'analyse des fondements de la supériorité de la loi naturelle précèdera la description des modalités de sa nécessaire transcription en droit naturel.

(1) Fondement de la supériorité juridique de la loi naturelle

La loi naturelle s'entend de tout ce qui est absolument nécessaire et indispensable à la pérennité de la vie sur Terre. Indépendamment des croyances religieuses ou non de chacun, la loi naturelle s'impose comme supérieure dans tout système d'organisation sociale, c'est-à-dire dans tout système politique – traduit en termes juridiques et institutionnels – digne de ce nom.

Les personnes qui croient en Dieu, quelle que soit par ailleurs leur religion, n'auront pas de mal à comprendre que la loi naturelle est celle, inhérente à la vie, qui dépasse la petitesse de chaque individu pris isolément et par qui se manifeste la volonté divine. Nous retrouvons ici la distinction entre titulaire et dépositaire de la souveraineté[19]. Les non croyants considèreront l'aspect pragmatique de la loi naturelle pour comprendre que sans elle, la pérennité de toute vie sur terre est menacée.

La « loi naturelle » pour être opérationnelle doit être transposée en « droit positif », ce qui opère sa transformation en « droit naturel ». Du point de vue des croyants, il faut rappeler que si Dieu est au-dessus de l'homme, ce dernier conserve néanmoins son libre arbitre et doit ainsi présider à sa propre destinée. Ainsi, il appartient au peuple d'établir et valider sa propre interprétation de la « loi naturelle » laquelle sera dès lors transposée en « droit naturel ». Les questions énergétiques, bioéthiques et environnementales sont particulièrement concernées, en raison des choix qu'elles supposent, par cette transcription de la « loi naturelle » en « droit naturel ».

La transposition de la loi naturelle en droit naturel pourrait suivre la méthodologie ci-après. Dans un premier temps les différents « corps intermédiaires » seraient chargés de déterminer les lois qui leur semblent essentielles, d'une part à leur propre pérennité de groupe et, d'autre part, à la « pérennité de la vie sur Terre ».

Dans un second temps, le gouvernement serait chargé de centraliser et de hiérarchiser ces différents travaux. Il devrait ensuite organiser une vaste campagne d'information du public, avec débats publics.

Dans un troisième temps, le gouvernement aurait la charge d'organiser un référendum populaire dans lequel la population devrait identifier, en opérant une hiérarchisation, les principes essentiels qui ressortent des débats ci-dessus décrits. Le gouvernement devrait alors rendre public et codifier ces principes essentiels, ce « droit naturel » établi par la « volonté populaire ».

(2) Principes de transcription de la « loi naturelle » en « droit naturel »

La substance juridique du droit naturel a subi de très nombreuses variations au cours des siècles. Il est aujourd'hui nécessaire d'en redéfinir les contours de façon à prendre en compte à la fois les leçons de l'expérience historique des organisations humaines et les avancées technologiques et médicales des derniers siècles.

19 Cf. Youssef Hindi, *Les mythes fondateurs du choc des civilisations*, Éd. Sigest, 2016, chapitre V, pages 167 et s.

Sur le fond, le droit naturel nouveau doit comporter deux types de règles : 1°) les règles connues utiles au fonctionnement inné des êtres vivants et 2°) les règles qui ont historiquement fait la preuve de leur efficacité en matière d'organisation sociale. En premier lieu, le droit naturel doit transcrire les règles issues du fonctionnement inné des êtres vivants dans toutes leur diversité - un poison violent dans certaines conditions[20] pouvant également s'avérer avoir des vertus curatives utilisé dans d'autres conditions. En second lieu, s'agissant de l'organisation sociale, le droit naturel doit transcrire les règles indispensables issues des principes historiques de fonctionnement des sociétés humaines. Ces règles recoupent les besoins de sécurité, d'équilibre, et de respect, qui passe, notamment, par le respect et la protection due à la diversité etc.

Le droit naturel doit ainsi être organisé en deux branches[21] : la première concerne les principes fondamentaux de la vie, elle est relative au fonctionnement inné des êtres vivants. Cette première branche du droit naturel impose au gouvernement de respecter les principes essentiels de la vie, elle s'oppose à la mise sur le marché, à la commercialisation et à la mise en circulation de poisons pour les sols, les eaux, le génome humain, animal et végétal ; elle s'oppose à la marchandisation du corps humain et de ses produits qui tendent à réifier l'homme. Cette première branche du droit naturel impose d'une façon générale au pouvoir politique de mettre en œuvre une législation protectrice du vivant.

La seconde branche du droit naturel concerne l'organisation sociale. Elle comprend les leçons de l'expérience historique du fonctionnement des sociétés humaines. Dans cette dernière catégorie, nous retrouvons la nécessité d'organiser de façon institutionnelle la sécurité des individus, la nécessité institutionnelle de respecter le besoin de transmission, qu'il soit spirituel ou matériel, des individus, lesquels se conçoivent dans une continuité historique, l'impérieuse nécessité d'établir un lien indestructible entre les besoins vitaux des individus, considérés en fonction de leurs caractéristiques sociales et professionnelles, et le gouvernement. Nous pourrions également ajouter la nécessité d'organiser de façon institutionnelle un ascenseur social. L'existence d'un ascenseur social est garant de paix sociale parce qu'il fluidifie les relations humaines et s'oppose à la cristallisation sociale de « droits acquis ». Nous verrons en troisième partie de cet ouvrage que le contrôle de la monnaie par un gouvernement représentant effectivement les intérêts

20 Rappelons qu'un certain type de leucémie, très grave, hier encore incurable, est aujourd'hui guéri – en non seulement traité – par un mélange d'arsenic et de vitamine A.

21 Cf. http://lesakerfrancophone.fr/decryptage-du-systeme-economique-global-77-geopolitique-du-concept-de-propriete-privee-12

communs de la société, fait partie intégrante de cette deuxième branche du droit naturel.

L'énumération ci-dessus du contenu du droit naturel est donnée à titre indicatif. Elle n'est ni exhaustive ni limitative et dépendra, in fine, des choix populaires effectués dans les conditions ci-dessus précisées. Quoiqu'il en soit et d'une façon générale, le droit naturel est par essence évolutif. Son contenu ne saurait en aucun cas être définitivement figé, car il dépend à la fois de l'état des connaissances scientifiques et, en termes d'organisation sociale, du niveau des expériences humaines.

B. La nature de la souveraineté

La souveraineté étatique ainsi définie, il reste à analyser ce qu'elle implique en termes de pouvoir. En effet, juridiquement, la souveraineté est « le caractère d'un organe qui n'est soumis au contrôle d'aucun autre et se trouve investi des compétences les plus élevées »[22]. Dans ce contexte, nous avons vu que la souveraineté peut appartenir à un « État-nation » ou à un « État » tout court. Mais il faut encore préciser quel groupe, à l'intérieur de l'État dont il est question, exerce effectivement la souveraineté. Cette analyse nous permettra de décrire le cheminement institutionnel qui a mené les peuples européens d'une souveraineté populaire de façade (fausse démocratie), à une souveraineté oligarchique assumée (vraie ploutocratie).

1. Lien entre souveraineté et pouvoir

La souveraineté telle que ci-dessus décrite est intimement liée à la notion de « pouvoir ». Il faut donc commencer par définir le terme de « pouvoir ». Dans la langue française et en droit, le « pouvoir » peut signifier soit une « compétence », soit les moyens d'exercer cette compétence, y compris par la contrainte. Il faut immédiatement préciser que s'agissant d'État, la « compétence » dont il est question est en réalité une charge : celle d'organiser les rapports sociaux de façon à les rendre le plus sereins et pacifiques possibles ; c'est précisément cette fonction qui

22 Cf. Gérard Cornu, *Vocabulaire juridique*, association Henri Capitant.

confère à l'État sa légitimité politique. En matière « d'État », le « pouvoir » consiste nécessairement en la réunion des deux sens ci-dessus indiqués car, un État qui aurait des compétences sans disposer des moyens de les exercer effectivement dépendrait d'autres entités pour réaliser ses compétences et ne serait donc pas « souverain ».

Historiquement, dans les républiques et autres régimes politiques issus des révolutions postérieures au Siècle des lumières, la souveraineté a été décrétée populaire. C'est-à-dire que le pouvoir de « faire les lois », qui organiseront la société humaine, est formellement dévolu à des représentants de la population. En réalité, nous avons vu que cette souveraineté n'était populaire que par pétition de principe, qu'il s'agissait en réalité d'une « souveraineté nationale » formalisée par la représentation parlementaire. Techniquement, nous sommes en présence d'une souveraineté populaire par procuration qui prend la forme du parlementarisme anglais, mettant en œuvre ce qu'il est convenu d'appeler une démocratie représentative. Un groupe de personnes élues, censé représenter l'intégralité des intérêts du peuple, est investi du pouvoir législatif ; à ceci près que la pratique des décrets-lois (appelés « ordonnances » sous la Vᵉ République) a partagé le pouvoir législatif réel entre les « élus du peuple » et le gouvernement non élu. La pratique des décrets-lois est la première limitation institutionnelle officielle du concept de souveraineté populaire.

La République a ainsi banni la représentation directe des intérêts économiques (représentés par les corporations de métiers en vigueur dans l'Ancien Régime) et non économiques (représentés, sous la monarchie, par la séparation du corps social en trois ordres inégaux, à savoir le Clergé, la Noblesse et le Tiers-État[23]) pour centraliser fictivement l'intégralité des besoins et des intérêts de la population dans un corps « d'élus du peuple » rassemblés dans un parlement. Sous les oripeaux de l'existence d'un parlement élu, les républiques se sont donc dispensées de recourir aux anciennes voies de médiation des intérêts économiques qu'étaient les « corporations et autres corps intermédiaires » puisque le groupe d'élus « républicains » était censé représenter, à lui seul, toute la diversité des intérêts populaires.

À ce stade du raisonnement, il est nécessaire d'analyser la pertinence de la représentativité des groupes investis de la souveraineté au moyen d'élections.

23 Cf. https://fr.wikipedia.org/wiki/Soci%C3%A9t%C3%A9_d%27Ancien_R%C3%A9gime

2. La situation antérieure à l'avènement des institutions européennes : une réalité ploutocratique cachée derrière une apparente souveraineté populaire

De façon conceptuelle, la démocratie représentative – par hypothèse dépourvue de contrôle de la représentativité des décisions prises par les « représentants du peuple » – ne permet pas la mise en œuvre de la démocratie, c'est-à-dire du pouvoir (du grec *kratos*) émanant du peuple (du grec *dêmos*). S'y ajoute le fait que les « élus » du peuple ne sont pas réellement choisis mais plutôt désignés parmi des gens préalablement cooptés.

Dans ces conditions, la représentation parlementaire revient, pour le peuple, à adouber des individus qu'il n'a pas réellement choisi et qui disposent d'un blanc-seing pour mettre en œuvre n'importe quels intérêts, y compris et, l'histoire nous enseigne « surtout », ceux n'ayant rien à voir avec le bien commun. Ainsi, dans le parlementarisme classique, les élus n'étant pas représentatifs du peuple, leurs décisions (lois), prises officiellement au nom de ce dernier, ne sont politiquement pas légitimes.

a. L'absence de mandat impératif s'analyse juridiquement en une illégitimité politique des décisions législatives prises par les élus censés représenter le peuple

Techniquement, un premier problème lié à la démocratie représentative surgit lorsque les représentants élus ne remplissent pas leur mandat de représentation populaire mais se font, pendant celui-ci, les porte-paroles, via les lobbies, d'intérêts privés. Les personnes « élues » exercent alors en réalité un mandat en marge, ou éventuellement en opposition, avec le projet initialement proclamé et sur la foi duquel elles ont été « élues ».

Si le non-respect du mandat initial ne peut pas être institutionnellement contrôlé et sanctionné par les électeurs, il en résulte que ceux-ci donnent, sur la foi de belles paroles, un blanc-seing total à un individu qui représente des intérêts tout autres que ceux du peuple mandant. Les décisions prises au nom du peuple par ses « représentants » ne sont, par principe et conceptuellement, politiquement pas légitimes.

Dans les faits, la légitimité politique de la représentation dite populaire est considérablement écornée par l'action des lobbies, lesquels ne reflètent pas l'intégralité des besoins de la population mais sont essentiellement une émanation de grands groupes multinationaux. Les prétendus « représentants du peuple » sont, dans les faits, les « représentants du pouvoir économique », via le relais du parti politique auquel ils appartiennent et qui décide de la pérennité de leur carrière. La république parlementaire est une organisation politique dans laquelle, de façon structurelle, l'intérêt commun est jeté en pâture aux (est la proie des) grands groupes économiques et financiers très organisés.

Il n'est pas étonnant, par ailleurs, que la question de l'identification précise de ce qu'est la « volonté du peuple » soit consciencieusement occultée par les tenants de la démocratie représentative. En effet, l'organisation d'un contrôle des « élus du peuple » par le peuple lui-même pose un délicat, pour ne pas dire insurmontable, problème conceptuel : comment peut-il concrètement être organisé ? Il est inconcevable de penser que l'ensemble des citoyens va, chaque matin, se lever avec l'idée d'aller vérifier et contrôler le détail des votes effectués la veille par les élus ; cela nécessiterait, de la part des ressortissants d'un État, de faire un travail de même ampleur que celui effectué par leurs élus mandataires. Non seulement cela serait impraticable mais ferait, au surplus dans l'hypothèse rocambolesque où un tel scénario serait mis en œuvre, de facto, perdre toute légitimité à la représentation populaire.

La seule façon de sortir réellement de cette impasse institutionnelle et conceptuelle est de supprimer les « représentants du peuple ». Le pouvoir exécutif dirige en ayant recours à la démocratie directe et au mandat impératif pour légitimer ses grandes orientations de politique générale interne et internationale. Il faudra, pour ce faire, organiser un ensemble de « corps intermédiaires » eux-mêmes régis par le principe du mandat impératif. Chaque « corps intermédiaire » représentera les intérêts du secteur marchand (un corps intermédiaire par métier) et du secteur non marchand, y compris les gens non rémunérés, s'occupant chez eux de leurs familles, de leurs proches, ou du bien public ainsi que les personnes sans domicile fixe, qui ont, en priorité, besoin d'être politiquement représentés.

Ces « corps intermédiaires », qui remplaceront les parlementaires « élus du peuple », seront chargés de rendre fidèlement compte au gouvernement des difficultés et besoins de leurs membres.

b. La présélection ou cooptation[24] des candidats à l'élection confirme la fictivité politique du caractère « représentatif » des élus du peuple

Un autre grave problème lié à la démocratie représentative surgit lorsque le vote populaire s'applique à des individus présélectionnés par des entités, les partis politiques, qui représentent des intérêts plus ou moins opaques et qui sont motivés par la volonté exclusive de prendre ou conserver le pouvoir institutionnel.

Ces partis politiques ne présentent concrètement aucune garantie d'être les porteurs fidèles des intérêts populaires ; lesquels sont par ailleurs (comme indiqué ci-dessus) très difficiles à identifier dans la mesure où ils ne disposent pas de réelle voie institutionnelle de représentation. La légitimité populaire de « l'élu » ainsi présélectionné est en réalité une pure fictivité politique : elle est inexistante car assise sur une illusion d'optique et non sur une réalité tangible.

En d'autres termes, la représentativité parlementaire, qui fonde sa légitimité sur le fait d'être populaire, perd toute légitimité lorsque le vote populaire n'est pas réellement libre mais contrôlé par une présélection opérée par des entités – les partis politiques - dont les intérêts sont tout sauf représentatifs du bien commun.

En occident, l'intégralité de la vie politique est confisquée par des appareils de partis. Les titulaires des postes de responsabilité dans ces appareils de partis obéissent pour l'essentiel à un principe de cooptation. Qui plus est, cette cooptation se fait dans des cercles de pensée (certaines écoles ou certains « think tank ») qui opèrent également, dans des conditions similaires, au sein de l'appareil d'État. Pour parachever le tout, ces hommes sont par ailleurs issus de viviers de formation (dans des écoles dédiées) dont l'orientation idéologique est contrôlée par les puissances d'argent.

Apparaît ici clairement l'existence d'une confusion entre les titulaires du pouvoir législatif, élus en raison de leur appartenance à des partis politiques, et les titulaires du pouvoir exécutif, qui sont des ministres non élus et des hauts fonctionnaires d'État. Dans les faits, l'appareil d'État se trouve entièrement géré par des hommes (fonctionnaires ou représentants de multinationales, en priorité bancaires), qui embrassent souvent par la suite une « carrière politique », devenant ainsi des « élus ».

---

24 Par des appareils de partis, des think tank, ou autres organisations plus ou moins opaques.

Si aux échelons les plus bas de l'organisation territoriale, à savoir les communes, nous voyons apparaître d'authentiques élus populaires, parfois non affiliés à un parti politique, ces derniers devront faire les concessions nécessaires aux partis au pouvoir, afin d'obtenir tels ou tels crédits nécessaires à l'entretien ou au simple fonctionnement de leurs communes. La saine gestion des entités territoriales, dès lors soumises à un chantage de type mafieux, n'est pas assurée de façon viable.

Existe-t-il une homogénéité des cercles qui gèrent la cooptation des équipes chargées d'exercer les fonctions (ne parlons pas de « pouvoir ») d'État, législatif et exécutif inclus ? L'analyse historique faite, en France, notamment par l'historienne Annie Lacroix-Riz, ne laisse aucun doute sur la provenance des cercles de cooptation des hommes d'État, pouvoir exécutif et législatif aujourd'hui confondus : ce sont les tenants du pouvoir économique. Des analyses similaires ont été faites dans d'autres pays, en particulier aux États-Unis d'Amérique[25]. Les « grands capitalistes », que certains appellent oligarques, ont, à l'aide de révolutions et autres renversements politiques (coups d'état), pris le contrôle effectif des cercles du pouvoir. Ils ont en France, au travers des différentes républiques, fourni plus ou moins directement une grande partie des ministres en charge des finances, des affaires étrangères et de la politique intérieure.

Le principe de séparation des pouvoirs devient dès lors plus formel que réel, tout comme l'est la légitimité des « représentants du peuple ». Les pouvoirs exécutifs et législatifs, formellement séparés, se trouvent, en réalité, gérés et contrôlés par des personnes défendant les mêmes intérêts : les intérêts catégoriels des détenteurs du « fait économique ».

L'élection au suffrage universel direct du président de la République avait été voulue par le Général De Gaulle pour justement faire obstacle au pouvoir des appareils des partis politiques. Ce ne fut qu'un bref aparté, bientôt contourné par les véritables détenteurs du pouvoir. Ces derniers ont finalement réussi à imposer un nombre minimal important (plus de 500) de parrainages officiels d'élus pour la présentation d'un candidat à l'élection présidentielle. Ce système ouvre la porte à toutes les pressions, punitions et autres chantages politiques d'élus qui ne se conformeraient pas à la doxa ambiante et accepteraient de parrainer des candidats indésirables (du point de vue du système en place) : perte de crédits, suppression d'autorisations en tout genre etc.

25 Par exemple Carroll Quigley, Antony Cyril Sutton, Eustace Mullins, Thorstein Veblen ou Guido Giacomo Preparata (*Conjuring Hitler*) ; voir http://lesakerfrancophone.fr/les-consequences-economiques-de-la-paix ; https://www.youtube.com/watch?v=sU-M8VnX1dU ;

Dans le contexte de la captation intégrale de la vie politique par des « partis », le fonctionnement normal de la vie politique s'apparente davantage à un système de chantage institutionnel qu'à une saine organisation de la vie en commun. Dans ce type de fonctionnement, la légitimité du « fait politique », en tant qu'il est chargé d'organiser la vie en société, est conceptuellement mise en cause. Or, c'est précisément cette application de la « démocratie » qui est faite dans les pays occidentaux où les partis politiques confisquent l'intégralité de la vie politique. Ces partis sont contrôlés par une caste d'individus cooptés par des cercles qui formatent et sélectionnent des impétrants selon des critères n'ayant strictement rien à voir avec « l'intérêt populaire », lequel fonde pourtant la légitimité de tout l'édifice politique.

En Occident et à la faveur des partis politiques, nous naviguons, en matière de représentation populaire, dans les eaux troubles de la fictivité politique. La présomption irréfragable de légitimité populaire des « élus du peuple » cache en réalité une prise du pouvoir politique par les principaux détenteurs de capitaux, lesquels ont confisqué à la fois le pouvoir économique et le pouvoir politique.

c. Le contrôle de l'appareil d'État par les tenants du pouvoir économique : « la main qui donne est au-dessus de celle qui reçoit »[26]

L'analyse institutionnelle montre qu'au-delà de l'apparence, nous avons affaire, en Occident, à un simulacre de démocratie, une tragique méprise institutionnelle. À la faveur de la prétendue démocratie représentative et de la confiscation des débats politiques par des « partis » organisés, le « fait politique » devient alors une simple émanation du « fait économique ». Derrière l'apparente démocratie, la réalité institutionnelle mise en œuvre est celle d'une ploutocratie. Rappelons que, dans ce type de forme politique, la souveraineté appartient aux détenteurs de la richesse et non au peuple.

Le peuple n'a fait que servir de prétexte à un pouvoir qui lui a toujours, dans les faits, échappé. Cette analyse de la réalité institutionnelle ploutocratique des États

26 Cf. Napoléon : « Lorsqu'un gouvernement est dépendant des banquiers pour l'argent, ce sont ces derniers, et non les dirigeants du gouvernement qui contrôlent la situation, puisque la main qui donne est au-dessus de la main qui reçoit. L'argent n'a pas de patrie ; les financiers n'ont pas de patriotisme et n'ont pas de décence ; leur unique objectif est le gain. » : http://la-philosophie.com/citations-napoleon

occidentaux est corroborée par la soumission structurelle de ces États au pouvoir monétaire de leurs banques centrales indépendantes.

Le cas de la France est à cet égard tout à fait particulier car il s'inscrit dans un contexte institutionnel où l'État, depuis toujours centralisateur, est lui-même devenu le porte-parole de l'oligarchie bancaire et financière. Cette oligarchie prédatrice a préparé sa prise de pouvoir en organisant et orientant la Révolution française, de façon à abattre le régime monarchique ; elle a réellement assis son pouvoir à l'occasion de la monarchie de Juillet de Louis-Philippe, du second Empire et des républiques qui ont suivi. La création d'une banque de France privée par Bonaparte en 1800[27] est une étape importante de cette prise de pouvoir. Même si Bonaparte était à l'origine propriétaire majoritaire de cette banque, le ver était dans le fruit : le chef de l'État n'avait nul besoin d'une banque privée pour battre monnaie ou gérer les ressources de l'État. On peut raisonnablement émettre l'hypothèse selon laquelle la création d'une banque centrale privée avait été susurrée à Bonaparte par des banquiers qui comptaient habituer le public à ce nouveau concept institutionnel.

Dans le contexte de ploutocratie institutionnelle cachée derrière l'apparence trompeuse de république démocratique, la distinction entre nationalisation et privatisation perd une grande partie de sa pertinence : nationalisées ou privatisées, les banques, y compris la banque centrale, sont et restent aux mains de la ploutocratie, tout comme l'est l'essentiel de l'appareil d'État.

L'État ainsi conçu dans une infirmité démocratique structurelle n'est naturellement pas habilité à battre monnaie ; il doit, sans surprise et logiquement, emprunter aux financiers contre paiement d'intérêts. C'est précisément la raison pour laquelle la loi de 1973, qui a fait couler beaucoup d'encre, n'apparaît en réalité que comme une étape du resserrement du pouvoir oligarchique sur la France, après la parenthèse de De Gaulle. Étape qui s'est prolongée et durcie dans l'actuel article 123 du Traité sur le Fonctionnement de l'Union Européenne (TFUE). Cette étape ne fait que s'inscrire dans un long processus d'appropriation de l'État par quelques intérêts privés ; la loi de 1973, suivie de l'article 123 du TFUE, sont des jalons sur le chemin de la disparition du concept juridique d'État.

27 Cf. https://fr.wikipedia.org/wiki/Banque_de_France

Néanmoins, depuis que l'État doit obligatoirement (article 123 du TFUE) se financer sur les marchés de capitaux, le pouvoir politique occidental a officiellement basculé vers un pouvoir des marchés, ceux-ci étant en réalité contrôlés par les principaux capitalistes. Les marchés de capitaux fonctionnent selon un principe structurellement moutonnier ; des intérêts puissants et volontaires, représentés par les « fonds spéculatifs » (« Hedge Funds »), se coalisent aisément – autant que discrètement - pour déterminer la tendance haussière ou baissière des marchés considérés[28]. Certains intérêts coalisés organisent un achat ou une vente massive d'actions, d'obligations, de devises ou de bons du trésor d'un État particulier et, de façon mécanique, la grande majorité des gestionnaires d'actifs suivront le mouvement haussier ou baissier, faisant comme si ce mouvement était justifié par des soubassements économiques ou politiques réels. Quoiqu'il en soit, les gestionnaires de fonds ordinaires sont menacés, s'ils ne suivent pas l'impulsion donnée par les meneurs (les gestionnaires coalisés de fonds spéculatifs), de perdre à la fois l'argent qui leur a été confié, leur réputation et le crédit public qui leur est octroyé et qui leur permet d'exercer leur activité. De façon structurelle et indépendamment de leur caractère propre (moutonnier ou non), les gestionnaires d'actifs ne peuvent pas réellement échapper aux vastes mouvements de capitaux organisés à leur insu et parfois à leur dépens[29]. C'est ainsi que des fonds spéculatifs coalisés ont pu organiser la chute de monnaies et d'économies de pays entiers et, corrélativement, mettre les États concernés et surtout leurs habitants, dans une très grande précarité économique et sociale (voir les crises argentine, asiatique, grecque…).

Pour employer une métaphore, les gestionnaires de « fonds spéculatifs » agissent à la façon d'une « garde prétorienne » des détenteurs du pouvoir économique ; les gestionnaires de fonds ordinaires, simples fantassins, se trouvant de facto sous une emprise économique qu'ils ne maîtrisent pas et à laquelle ils ne peuvent conceptuellement pas échapper. Nous retrouvons, au niveau économique, l'exacte réplique de ce qui se fait au niveau militaire, le militaire étant au service du politique ; précision étant apportée que le « fait politique » est aujourd'hui intégralement au service des tenants du pouvoir économique.

28 A cet égard, écouter par exemple Myret Zaki, notamment sur la création de la « crise grecque », dès les 4 premières minutes : https://www.youtube.com/watch?v=TLjq25_ayWM
29 Certains gestionnaires, plus avisés, misent sur le temps et ne cherchent pas, ou ne sont pas contraints à chercher, des profits immédiats. Ces gestionnaires protègent, autant que faire se peut, le patrimoine de leurs mandants mais ils ne maîtrisent pas les grands mouvements contrôlés qui ont lieu sur les marchés ; ils naviguent, au gré du vent, du mieux qu'ils peuvent.

3. La situation depuis l'avènement des institutions supranationales de l'Union Européenne : une ploutocratie institutionnellement assumée dans l'existence d'une souveraineté commerciale

Les traités européens, qui sont historiquement et politiquement - par construction - des traités tournés exclusivement vers le commerce – l'actuelle construction européenne a commencé par le traité CECA[30], organisent-ils de façon pertinente la souveraineté populaire ? Poser la question est évidemment y répondre : non. Nous verrons que ces traités organisent, de façon officieuse mais néanmoins institutionnelle, une souveraineté commerciale.

a. L'illusion de la démocratie représentative : un parlement inconsistant

Fondamentalement, le concept de « parlement européen » est vicié ab initio par son manque de représentativité politique. Ce prétendu « parlement » ne représente aucun peuple homogène mais de multiples peuples n'ayant ni culture politique ni langue commune. Le vote des parlementaires européens dépend d'une part, de leur propre conditionnement politique et culturel et d'autre part, de la traduction linguistique qui est faite du texte en question. Dans ces conditions, un vote commun de parlementaires issus d'origines nationales différentes n'a aucun sens politique pertinent.

Par ailleurs, il résulte des traités européens que le « Parlement » européen ne représente pas le « pouvoir législatif » car il ne dispose pas de l'initiative des lois, qui appartient à la Commission européenne, laquelle est le « pouvoir exécutif » des institutions européennes. Ainsi en Union européenne, les pouvoirs exécutifs et législatifs sont largement confondus. Il apparaît ici une autre entaille à la démocratie telle que définie par Montesquieu, lequel voyait dans la séparation des pouvoirs une garantie des libertés.

S'ajoute à cela le fait que le « Parlement » ne peut voter que des textes d'application des traités constitutifs, tout comme la Commission européenne ne peut proposer que des textes d'application de ces traités constitutifs.

30 Cf. https://fr.wikipedia.org/wiki/Trait%C3%A9_instituant_la_Communaut%C3%A9_europ%C3%A9enne_du_charbon_et_de_l%27acier

Au surplus et plus techniquement, les traités européens organisent un considérable amoindrissement de la représentativité populaire du prétendu « pouvoir législatif » de l'Union européenne. En effet, l'une des deux instances législatives de l'Union, le Conseil de l'Union européenne, composée des ministres des différents pays membres, n'est absolument pas issue d'un quelconque vote populaire.

En conclusion, le Parlement européen, sans même parler de son manque substantiel de légitimité politique, ne dispose pas de l'initiative des lois et voit ses prérogatives limitées à la seule mise en œuvre des intérêts commerciaux qui ont présidé à la création des institutions européennes[31]. Un tel « parle-ment » n'est même pas un parlement au sens que lui avait donné l'existence du mandat représentatif. Le même mot cache des réalités tout à fait différentes, pour ne pas dire antinomiques. Nous retrouvons ici le principe « orwellien » de la langue utilisée pour tromper et finalement asservir les peuples.

b. Un organe exécutif coopté par les puissances économiques via les pouvoirs exécutifs des anciens États (pouvoirs exécutifs locaux)

L'entité juridique européenne chargée de mettre en œuvre les traités constitutifs de l'Union est la Commission européenne, qui dispose seule de l'initiative des lois. Mais encore une fois, il faut préciser, car le diable se cache (une fois de plus) dans les détails : par « initiative des lois » il faut entendre « initiative de mettre en œuvre les traités constitutifs au moyen de la création d'un droit dérivé ». L'initiative des lois européennes consiste en effet en la seule initiative d'exécution, celle de mettre en œuvre les traités constitutifs. Il n'est pas question ici de légiférer à brûle-pourpoint sur n'importe quel sujet de société, il ne faut que mettre en musique les traités constitutifs : le « principe commercial » est, via les traités constitutifs, l'alpha et l'omega de la vie de l'Union.

D'un point de vue strictement politique, les institutions européennes n'ont pas de légitimité car elles n'ont pas pour vocation d'organiser la vie en commun des gens, mais de satisfaire l'insatiable appétit des tenants de la « vie économique ». Dans ce contexte, la Commission européenne, qui dispose de l'initiative des lois ainsi

31 Cf. Annie Lacroix-Riz, *Aux origines du carcan européen (1900-1960) ; la France sous influence allemande et américaine*, 2014, Le Temps des Cerises, éditions Delga ; également, du même auteur, *L'intégration européenne de la France ; la tutelle de l'Allemagne et des États-Unis*, le Temps des cerises, 2007

précisée, est « naturellement » constituée d'individus cooptés, dans le silence des cabinets, par les représentants du pouvoir exécutif des différents États membres[32]. Le suffrage populaire n'intervient pas dans le processus de désignation des commissaires européens ; ces individus sont cooptés en fonction de leur aptitude présumée à mettre en œuvre les traités commerciaux constitutifs de l'Union européenne, et les intérêts commerciaux qui se cachent derrière.

Les « pouvoirs exécutifs » des différents États membres de ladite Union sont complices actifs de l'organisation de cette nouvelle sorte d'institutions « non politiques » ; ce qui est cohérent avec le fait que, dès avant l'avènement des institutions européennes, les États européens n'étaient pas des démocraties mais des ploutocraties. Il faut rappeler que la « Commission européenne », qu'il est à la mode de décrier, est structurellement une émanation directe des pouvoirs exécutifs des différents pays de l'Union. Les membres de la Commission sont choisis par les détenteurs du pouvoir exécutif des différents États membres.

Il en résulte qu'il est tout à fait inutile de crier à la disparition de la souveraineté étatique en incriminant la Commission européenne puisque celle-ci ne fait que suivre les ordres donnés par les différents pouvoirs exécutifs étatiques, lesquels sont eux-mêmes assujettis à leurs oligarchies locales. Ainsi, prétendre changer l'ordre européen sans changer de façon substantielle l'organisation du pouvoir au sein même des pays membres de l'Union, lequel pouvoir est entre les mains oligarchiques, est une pure chimère.

Puisque ce sont les traités constitutifs, de nature commerciale, qui donnent le « *la* » de ce que doit être le droit européen, la souveraineté qui en découle est, structurellement, une souveraineté commerciale. Qui, au sein des pays membres, représente le mieux les intérêts du commerce ? Ce sont naturellement les plus grandes entreprises – multinationales bancaires, industrielles et commerciales – lesquelles exercent leurs activités aussi bien dans les pays de l'Union européenne que partout dans le monde ; il ne faut donc pas s'étonner que la liberté de circulation des capitaux incluse dans les traités européens ne soit pas circonscrite par la géographie des pays de ladite union mais soit, *ab initio*, mondiale.

32 Cf. http://www.vie-publique.fr/decouverte-institutions/union-europeenne/fonctionnement/institutions/comment-sont-nommes-president-membres-commission-europeenne.html

c. Une souveraineté accordée aux traités constitutifs sanctionnée par des institutions juridictionnelles qui assurent la suprématie des intérêts financiers des principaux détenteurs de capitaux

De la même façon, les instances juridictionnelles de l'Union (principalement la Cour de justice de l'Union européenne et le Tribunal de l'Union) sont chargées de veiller à la bonne application du droit dérivé des traités constitutifs, c'est-à-dire de veiller à la juste application des intérêts commerciaux inclus dans lesdits traités. Ces intérêts commerciaux sont matérialisés – sanctifiés - dans les traités sous la forme des libertés suivantes : la liberté mondiale de circulation des capitaux, la liberté d'établissement des entreprises, la liberté de circulation des travailleurs (qui a notamment abouti à l'existence des « travailleurs détachés »), et bien sûr la liberté de circulation des marchandises et des services (disparition des droits de douane).

Il faut insister sur le fait que, de façon expresse, les traités instaurent, et sanctionnent par les instances juridictionnelles de l'Union, la liberté mondiale de circulation des capitaux. Les autres libertés sont moins explicitement internationales, bien que leur application laisse ouverte la possibilité qu'elles le soient ou le deviennent.

Les instances juridictionnelles des institutions européennes n'ont pas pour fonction de « rendre la justice » au sens de la mise en œuvre de l'organisation sociale qui était auparavant la justification des cours de justice étatiques. Elles sont conçues – voir l'article 19-3 du TUE - pour être un instrument d'application des traités, lesquels n'ont par ailleurs strictement rien à voir avec une quelconque volonté populaire. Ici encore, le terme « cour de justice » relève de la technique orwellienne de l'utilisation du langage pour tromper et asservir les peuples.

La Cour de Justice de l'Union Européenne (CJUE) est un élément clef de la construction européenne. Certaines dispositions des traités ou même du droit dérivé peuvent rester, un certain temps, non sanctionnées jusqu'au jour où la Cour (éventuellement sous l'impulsion de la Commission) décide d'agir pour sanctionner les intérêts nationaux. Si la CJUE pratique, depuis 1995, une politique constructive du droit européen, elle a opéré, depuis 2005, un durcissement politique en édictant des sanctions financières contre les États récalcitrants à transposer les directives européennes (droit dérivé). À cet égard, la Cour travaille en étroit partenariat avec la Commission européenne (instance exécutive des institutions européennes) pour sanctionner la non application par les États des dispositions contenues dans les traités eux-mêmes, par exemple les « aides d'État ». Ainsi, dans son rôle de surveillance des États membres, la Commission est habilitée à saisir la CJUE pour sanctionner un État qui oserait privilégier ses intérêts nationaux en octroyant directement ou non, des facilités financières ou fiscales à des entreprises nationales (aide d'État). À titre d'illustration, France Télécom a été condamnée par la CJUE le 8 décembre 2011 à verser 1,02 milliards d'euros au titre des « aides d'État », en raison du régime de faveur dont elle bénéficiait en matière de taxe professionnelle ; cette condamnation a entraîné la réforme de ce régime d'imposition et la disparition subséquente de la « taxe professionnelle » au profit de la création d'une « Contribution économique territoriale » (CET) composée d'une Cotisation foncière des entreprises (CFE) et d'une Cotisation sur la valeur ajoutée des entreprises (CVAE)[33].

Si aujourd'hui l'article 54 du TFUE qui, en matière de liberté d'établissement, assimile les sociétés à but lucratif à des personnes physiques n'a pas été traduit en droit français, il en ira autrement le jour où la Cour décidera d'appliquer des sanctions financières aux États n'ayant pas transcrit ce texte.

Cet article 54 du TFUE est loin d'être anodin. Il suppose la disparition du droit électoral français qui devra se moderniser à l'américaine. En particulier, ce texte suggère que les partis politiques et les candidats puissent être financés par des entreprises (personnes morales)[34]. Cette doctrine fait immanquablement songer à la décision de la Cour suprême américaine du 21 janvier 2010, qui autorise le financement des partis politiques par les entreprises sans limitation de montant. Si l'article 54 du TFUE ne concerne que la liberté d'établissement, on voit mal ce qui empêcherait une entreprise établie sur le territoire européen de l'invoquer devant la Cour pour se plaindre de ne pas pouvoir librement disposer de son argent, comme un citoyen ordinaire, pour financer des partis politiques.

Plus généralement, l'article 54 du TFUE suggère qu'une personne physique serait équivalente à une personne morale à but lucratif : une telle interprétation ouvre la porte à tous les trafics de marchandisation du corps humain, de ses produits et de ses composantes. Nous entrons, par cet article 54 du TFUE, de plain pied dans le transhumanisme ; la vocation commerciale de cet article sert de voile à la volonté de domination de l'espèce humaine par les principaux détenteurs de capitaux.

---

33 Voir http://www.economie.gouv.fr/cedef/suppression-taxe-professionnelle.

34 S'agissant des règles actuelles de financement des partis politiques français, voir : http://www2.assemblee-nationale.fr/decouvrir-l-assemblee/role-et-pouvoirs-de-l-assemblee-nationale/le-depute/le-financement-de-la-vie-politique-partis-et-campagnes-electorales

Les institutions européennes ont permis, subrepticement, de changer la conception fondamentale du droit et de la justice pour mettre ces concepts au service des seuls intérêts particuliers des principaux détenteurs de capitaux. Nous en revenons ainsi à Rousseau qui avait parfaitement établi que « jamais on ne corrompt le peuple, mais souvent on le trompe. »[35]

d. Une souveraineté financière autonome du « pouvoir politique »

Le SEBC (Système européen de banques centrales), associé au récent MES (Mécanisme européen de stabilité) et à la BEI (Banque européenne d'investissement) et ses différents fonds (FEI et FEIS), matérialisent un système financier tout à fait autonome par rapport aux institutions politiques ; ce système est géré directement par des hommes issus du « fait économique ». Le pouvoir politique, quelque peu consistant qu'il soit, est toujours susceptible d'entraîner des blocages, des retards ou des incompréhensions techniques, générant des décisions de mauvais aloi pour les détenteurs de capitaux qui contrôlent le « fait économique ». Il importe donc que ces derniers s'octroient un contrôle institutionnel direct sur les finances. C'est précisément ce qui a été mis en œuvre dans un premier temps au niveau étatique par l'apparition des banques centrales. Les choses plus grandes étant plus difficiles à gérer, l'existence de simples banques centrales ne suffisant pas à la tâche de l'Union européenne, est apparu, dans un second temps au niveau européen, un système d'institutions financières supranationales intégrées.

(1) Le SEBC

Le SEBC (Système européen de banques centrales), organisé par les articles 127 et suivants du TFUE (Traité sur le fonctionnement de l'Union européenne), est conçu pour être indépendant d'un quelconque pouvoir politique. L'article 7 du protocole sur les statuts du système européen de banques centrales et de la Banque centrale européenne (4ᵉ Protocole annexé au traité sur l'Union européenne), qui a la même valeur juridique que le traité lui-même dispose que « ... ni la BCE, ni une banque centrale nationale, ni un membre quelconque de leurs organes de décision ne peuvent solliciter ni accepter des instructions

35 Cf. Rousseau, *Du contrat social*, G-F Flammarion, 1992, Livre II, chapitre III, page 54.

des institutions, organes ou organismes de l'Union, des gouvernements des États membres ou de tout autre organisme. »[36]

Les traités européens organisent également l'impossibilité de principe pour le SEBC de financer un quelconque organisme public à vocation politique ; la BCE peut en revanche, en vertu du 2 de l'article 123 du TFUE, financer les organismes financiers, qu'ils soient publics ou privés. L'article 123 du TFUE dispose en effet qu'il « est interdit à la Banque centrale européenne et aux banques centrales des États membres… d'accorder des découverts ou tout autre type de crédits, aux institutions, organes ou organismes de l'Union, aux administrations centrales, aux autorités régionales ou locales, aux autres autorités publiques, aux autres organismes ou entreprises publics des États membres ; l'acquisition directe, auprès d'eux, par la Banque centrale européenne ou les banques centrales nationales, des instruments de leur dette est également interdite. »

Les traités constitutifs limitent, par principe, les possibilités d'action de la Banque centrale européenne[37]. Ses règles de fonctionnement lui interdisent de créer de l'argent ex nihilo[38] ainsi que de financer un quelconque organisme public à vocation politique (comme vu plus haut). Cette interdiction, bien qu'allègrement contournée par la pratique du « Quantitative Easing » autant que par l'autorisation donnée par la CJUE à la BCE de racheter des bons du trésor (obligations d'État)[39], reste néanmoins un facteur institutionnel gênant, en particulier en période de crise économique et financière.

Ainsi, pour pallier les limites imposées à la BCE et pourvoir, en période de crise, au financement des États - évitant ainsi que certains ne soient tentés de sortir de la zone euro - les tenants du pouvoir économique ont inventé un nouveau système financier qui se superpose à celui de la BCE : le MES (Mécanisme européen de stabilité).

---

36 Confirmé par l'article 130 du TFUE.

37 Cf. articles 127-1 et 2 et 132 du TFUE ; articles 3.1, 19.1, 22 et 25.2 du Protocole sur les statuts du SEBC et de la BCE : http://www.ecb.europa.eu/ecb/legal/pdf/fr_statute_2.pdf

38 C'est justement cette interdiction qui a historiquement servi de justification à l'indépendance des banques centrales vis-à-vis des pouvoirs politiques.

39 Pour plus de détails, voir : http://www.senat.fr/fileadmin/Fichiers/Images/commission/affaires_europeennes/Actualites/Actualites_44.pdf

(2) Le MES

Cette nouvelle institution financière, entrée par effraction dans l'ordre juridique européen[40], et fallacieusement présentée comme un traité de paix, est entrée en vigueur en septembre 2012. Il s'agit d'une institution internationale[41] nouvelle dotée, à l'image de la Banque des règlements internationaux (BRI), de la plénitude de la personnalité morale[42] et investie à ce titre de la possibilité d'interagir avec tous les organismes internationaux (notamment le FMI).

Le MES est habilité à lever des fonds sur les marchés internationaux qui serviront à accorder un financement aux États en difficulté moyennant, de la part de ces derniers, la réalisation d'ajustements politiques et économiques structurels. Par ajustements, il faut comprendre l'engagement des États bénéficiaires des fonds prêtés à privatiser tout ou partie des biens publics, c'est-à-dire à vendre, à prix bradés, aux multinationales (contrôlées par les principaux détenteurs de capitaux), les biens financés par les contribuables ; ces derniers n'ayant évidemment pas leur mot à dire dans ces transactions. Sans surprise, les ajustements exigés des États aidés sont négociés par la Commission européenne en liaison avec la BCE (Banque centrale européenne)[43].

Le MES est une institution financière internationale nouvelle, dotée de la personnalité morale, qui obéit (tout comme la BRI qui lui a servi de modèle) à un principe de secret intégral, d'immunités élargies et d'exonérations fiscales quasi absolues. Le MES bénéficie donc d'un statut juridique tout à fait dérogatoire au droit commun. En cas de litige entre les membres du MES, la juridiction compétente en première instance est son Conseil des gouverneurs et la CJUE en appel[44].

Le MES doit être financé (apport d'un capital libéré) par les États membres, selon les modalités suivantes : cinq versements annuels représentant chacun 20 %

40 Cette institution financière a vu le jour à la faveur d'une inversion subtile des procédures utilisées pour la création d'un nouveau traité européen ; https://fr.wikipedia.org/wiki/M%C3%A9canisme_europ%C3%A9en_de_stabilit%C3%A9

41 Cf. http://www.economie.gouv.fr/mecanisme-europeen-stabilite

42 Cf. article 32-2 des statuts

43 Cf. article 5-6-g des statuts du MES

44 Cf. article 37 des statuts

du montant total pendant cinq ans[45]. La France, dont les hommes politiques ne cessent de rappeler qu'elle est en « faillite »[46], contribue au financement du MES à hauteur de 20,3859 % du capital total. Ce qui en fait le plus gros contributeur, derrière l'Allemagne (27,1464 %) et devant l'Italie (17,9137 %), pays lui-même en difficulté financière. Le montant total garanti (par les États contributeurs) est de 142 701 300 000 euros. Le capital, devant être libéré par les États contributeurs sur cinq ans, s'élève à 16 milliards d'euros, c'est-à-dire environ 3,2 milliards par an. Cette contribution n'est pas de nature à améliorer le budget des États contributeurs : ces derniers devront eux-mêmes recourir à des prêts sur les marchés financiers et payer en conséquence des intérêts substantiels pour assurer le financement du MES.

En conclusion, le MES est une institution dotée de prérogatives exorbitantes du droit commun qui réalise un pas important vers le fédéralisme européen. Cette institution financière est très attentatoire à l'ordre public à la fois pour les pays contributeurs et pour les pays qui seront « aidés ». Tout le système génère, de façon structurelle et mécanique, une énorme concentration des capitaux au profit des organismes (anonymes) qui fournissent, sur les marchés financiers, les fonds. Les principaux détenteurs de capitaux sont les seuls gagnants de l'hyperstructure financière, qui prend la forme d'une usine à gaz d'ampleur supranationale.

(3) La BEI et ses fonds (FEI, FEIS)

La BEI (Banque européenne d'investissement), créée par le traité de Rome, a été restructurée en 2000. Elle est chargée de financer les PME pour des projets internes et externes à l'Union européenne. Nous retrouvons ici le fait que les institutions européennes ont, ab initio, fonctionné autour de la liberté mondiale de circulation des capitaux ; liberté dont elles sont essentiellement une émanation juridique.

Pour assurer sa mission (financement des PME), la BEI est évidemment autorisée à emprunter sur les marchés financiers ; favorisant d'autant la concentration des capitaux au profit de ses créanciers. Cette banque possède deux actionnaires

45 Cf. article 41 des statuts

46 Rappelons que le déficit de la France pour 2012 (avènement du MES) s'élevait à 87,2 milliards d'euros – il est de 72 milliards d'euros dans le budget 2016 ; sa dette, qui s'élevait en 2013 à 1925 milliards d'euros est en augmentation continue pour atteindre, en 2016, 2148 milliards d'euros.

principaux, la France et l'Allemagne, chacun de ces deux États possédant 16,5 % de son capital. Ces deux États, c'est-à-dire plus précisément les citoyens-contribuables de ces deux États, sont donc prioritairement appelés, en cas de difficulté financière de l'institution, à renflouer la banque. La BEI est traditionnellement dirigée par un allemand, phénomène représentatif du fait que si la France est actionnaire à part égale avec l'Allemagne, elle ne contrôle pas réellement sa politique, les Français servant de simple garantie financière.

Le FEI (Fonds européen d'investissement) est une filiale de la BEI (qui en détient 60 %) créée en 1994. Cette institution, qui comprend vingt-huit pays de l'UE, la Croatie et trois pays de l'AELE, a pour objet de fournir aux PME des cautions bancaires et des micro-crédits aux TPE (Très petites entreprises) et aux chômeurs.

LE FEIS (Fonds européen d'investissement stratégique)[47] a été créée en 2014 sur l'initiative de Juncker, président de la Commission européenne. La BEI y contribue à hauteur de cinq milliards d'euros tandis que l'Union européenne, via la Commission, y contribue à hauteur de seize milliards d'euros. Rappelons au passage que la France est contributrice nette (différence entre ce qu'elle finance et ce qu'elle perçoit) de l'Union européenne à hauteur de presque huit milliards et demi d'euros. Ce fonds peut emprunter, pour la période 2015-2017, jusqu'à 315 milliards d'euros sur les marchés financiers pour investir dans ce que la BEI – dirigée par l'Allemagne – estime être des « secteurs clefs de l'économie ».

(4) La ploutocratie contrôle le pouvoir financier dans l'Union européenne

Toutes les institutions financières ci-dessus décrites décident « souverainement » de l'affectation de l'argent versés par les contribuables et les citoyens, lesquels doivent financer les dettes sans cesse croissantes de leurs pays qui s'endettent sur les marchés financiers ; le tout sans aucun contrôle politique. L'absolutisme de la souveraineté financière n'est limité par aucun contre-pouvoir ; en d'autres termes, les citoyens qui financent n'ont en contrepartie aucun droit de contrôle et de direction sur l'affectation des sommes qu'ils versent.

Le pouvoir financier au sein de l'Union européenne est officiellement dirigé par les Allemands mais il est en réalité organisé en sous-main par la

47 Cf. http://ec.europa.eu/news/2015/01/20150113_fr.htm

ploutocratie qui utilise les techniques et les modalités du droit anglo-saxon. Les individus qui y œuvrent au plus haut niveau ont tous été formé préalablement dans des institutions anglo-saxonnes. Ils sont obligatoirement passés (au choix ou en cumulé) au FMI, à la BRI, à la banque mondiale, à l'OCDE ou dans un poste important de l'une des grandes banques dites systémiques (Goldman Sachs...). Ils appartiennent aussi à des think tank comme le groupe des Trente, le club Le Siècle, la Trilatérale ou le Bilderberg. Leur formation a eu lieu dans des grandes universités anglo-saxonnes comme Harvard, Columbia, Chicago, MIT, Pennsylvanie, Oxford ou la très influente London School of Economics[48] (siège de la société fabienne[49], grande spécialiste de « l'ingénierie sociale »).

(5) Conclusion sur le pouvoir financier de l'Union européenne

En conclusion, le pouvoir financier organisé au sein de l'Union européenne est tout à fait indépendant des peuples. Il matérialise un asservissement par la dette à tous les niveaux : national et local, au niveau des entreprises, des États et des particuliers. Aucune strate de l'organisation sociale n'échappe aux griffes bancaires du financement par l'emprunt.

Les SEBC, MES, BEI, FEI et FEIS sont des outils d'application de la déstructuration des États-nations, par atteinte à leur souveraineté politique, financière, budgétaire et monétaire. Ils sont par ailleurs des outils majeurs de la concentration des capitaux par le biais du paiement des intérêts et des politiques de rigueur et de privatisation qu'ils imposent. Ces institutions organisent de façon institutionnelle la confiscation des avoirs privés et publics par les plus grands détenteurs de capitaux.

Les peuples, et en particulier les Français, doivent prendre collectivement conscience du niveau stratosphérique de la trahison de leurs intérêts collectifs par leurs décideurs politiques, qui ont, depuis de très nombreuses décennies, organisé l'avènement de ces institutions.

48 Cf. https://fr.wikipedia.org/wiki/London_School_of_Economics
49 Cf. https://fr.wikipedia.org/wiki/Fabian_Society

e. La souveraineté n'est plus populaire mais commerciale, elle bénéficie aux détenteurs du « fait économique »

Les traités constitutifs sont chargés d'instituer juridiquement les intérêts des principaux détenteurs de capitaux tandis que le droit dérivé est principalement aux mains des lobbies. Ni le prétendu parlement, ni l'initiative citoyenne organisée à grand renfort médiatique ne sont, dans les institutions européennes, de nature à faire obstacle à la suprématie économique organisée par les institutions européennes.

(1) S'agissant des instances détentrices du pouvoir législatif

Primo, rappelons que l'une des deux instances législatives européennes – le Conseil de l'Union européenne – n'est pas issue d'une quelconque représentation populaire puisqu'elle est composée des différents gouvernements nationaux. Cette instance législative, non populaire, a plus de prérogatives institutionnelles, c'est-à-dire se prononce sur plus de textes, que le Parlement.

Secundo, le prétendu « Parlement » européen n'est en rien un parlement au sens du mandat de représentation populaire que ce terme revêtait depuis 1789, date du prétendu avènement de la « volonté populaire ».

Tertio, l'initiative des lois n'appartient pas au « pouvoir législatif » (Parlement et Conseil de l'Union européenne) mais à la Commission européenne qui est le pouvoir exécutif des institutions européennes.

Pour couronner le tout, aucune des trois institutions qui interviennent dans le processus législatif n'a la possibilité de déroger aux principes inclus dans les traités constitutifs. Au contraire, ces instances ont pour mission institutionnelle de mettre en application les principes, commerciaux, édictés par lesdits traités.

En Union européenne, le pouvoir législatif n'est pas une émanation institutionnelle du peuple mais une émanation des multinationales.

(2) S'agissant de l'initiative citoyenne

Afin de faire croire à l'existence d'une réelle volonté des dirigeants européens de donner aux peuples un certain pouvoir législatif, il a été institué, à grand renfort médiatique, une « initiative citoyenne ». Toutefois, cette dernière est soumise à des conditions extrêmement restrictives qui ferment, de facto, toute réelle possibilité d'intervention populaire dans le processus législatif de l'Union.

L'initiative citoyenne, édictée par l'article 11-4 du TUE, dispose que : « Des citoyens de l'Union, au nombre d'un million au moins, ressortissants d'un nombre significatif d'États membres, peuvent prendre l'initiative d'inviter la Commission européenne, dans le cadre de ses attributions, à soumettre une proposition appropriée sur des questions pour lesquelles ces citoyens considèrent qu'un acte juridique de l'Union est nécessaire aux fins de l'application des traités. Les procédures et conditions requises pour la présentation d'une telle initiative sont fixées conformément à l'article 24, premier alinéa, du traité sur le fonctionnement de l'Union européenne ». Un règlement européen[50] précise les conditions d'application de cette initiative citoyenne.

Concrètement, l'initiative citoyenne nécessite :

- De réunir un million de citoyens en âge de voter (remplissage en ligne d'un formulaire de déclaration de soutien) / dans un délai d'un an,
- Issus d'au moins sept pays différents (sur les vingt-huit de l'UE),
- Un nombre minimal de signataires dans chacun des sept États considérés,

La Commission peut ne pas donner suite à cette initiative si elle ne respecte pas les quatre conditions énumérées à l'art. 4-2-a-b-c-d du règlement de 2011. L'art. 4-2 du règlement détermine les conditions à remplir pour que la Commission accepte l'enregistrement de cette initiative citoyenne en tant que « proposition de loi ». Le diable est dans les détails : la Commission n'est, dans les faits, pas tenue de présenter une proposition législative à la suite d'une initiative citoyenne ; si elle décide de le faire, la procédure législative normale est lancée.

50 Cf. Règlement n°211/2011 du Parlement européen et du conseil du 16 février 2011 relatif à l'initiative citoyenne.

Les organisateurs sont responsables des dommages qu'ils causent dans l'organisation d'une initiative européenne (art. 14 règlement).

Pour résumer, outre la difficulté qu'il y a à réunir un million de signatures sur le territoire de sept États différents, l'initiative en question n'est pas réellement contraignante pour la Commission européenne en raison de l'article 4-2 du règlement de 2011.

À titre d'illustration, une première mobilisation de deux millions de personnes a été rejetée par la Commission Barroso le dernier jour de son mandat. Cette initiative, « Un de nous / one of us » demandait l'arrêt du financement public européen des pratiques impliquant la destruction volontaire de vies humaines avant la naissance[51]. Une seconde mobilisation citoyenne massive a eu lieu en septembre 2014 contre les traités de libre-échange TTIP-TAFTA et AECG-CETA. Cette initiative a réuni trois cents organisations issues de vingt-quatre États membres. La Commission Juncker a rejeté cette initiative en lui opposant une fin de non-recevoir. La même commission a refusé, mi-janvier 2015, de considérer le refus massif par les citoyens (à l'occasion d'une très fastidieuse consultation publique[52]) de la clause de règlement des différends comprise dans les traités de libre-échange ci-dessus indiqués.

Par ailleurs, le fait que cette initiative citoyenne soit susceptible d'engager la responsabilité juridique de ses organisateurs est à mettre en perspective avec d'une part, l'absence de responsabilité des lobbyistes dans l'exercice de leurs activités et d'autre part, l'immunité totale accordée au personnel du MES (mécanisme européen de stabilité institué en 2012), lequel est par ailleurs tout à fait indépendant d'un quelconque intérêt et d'une quelconque validation populaire.

Il résulte des conditions d'application très restrictives ainsi que des différentes tentatives de mise en œuvre que l'initiative citoyenne européenne annoncée comme une grande avancée démocratique de l'Union européenne est en réalité un leurre, une vaste plaisanterie institutionnelle.

La prétendue initiative citoyenne instituée par les traités européens n'est pas de nature à modifier le caractère commercial de la souveraineté. Cette souveraineté

51 Cf. http://ec.europa.eu/research/eci/one-of-us_fr.pdf
52 Cf. http://www.reporterre.net/Les-citoyens-europeens-consultes

commerciale est d'ailleurs confirmée par l'omniprésence des lobbies gravitant autour des instances normatives de l'Union européenne.

(3) Le pouvoir des lobbies dans la fabrication du droit dérivé (en UE)

En français, le lobbying s'analyse comme de la « corruption d'agents publics ». Bruxelles abrite, avec Washington, la plus vaste organisation de lobbyistes (plus de trente mille) au monde. Si l'on considère le nombre approximatif de mille décideurs à Bruxelles, il y a donc environ trente lobbyistes par décideur. Chaque immeuble dans un rayon d'un km autour de la Commission, du Conseil et du Parlement européen est occupé par les grands noms du « monde des affaires ». Ce lobbying représente plusieurs milliards de chiffre d'affaire par an.

À la différence de ce qui est prévu pour l'initiative citoyenne, il n'est prévu aucune responsabilité juridique pour les dommages causés par cette pratique très intense de lobbying quasi-institutionnel. Il apparaît très clairement que la volonté populaire est mise sous contrôle pendant que la volonté des multinationales bénéficie pleinement du principe de « liberté » établie par les traités constitutifs.

En conclusion, l'exercice du pouvoir législatif en Union européenne consiste à proposer et voter des textes d'application des traités commerciaux constitutifs – appelés à juste titre « droit dérivé », dérivé des traités constitutifs – qui font prévaloir les intérêts des multinationales représentées par de puissantes organisations de lobbying.

(4) En conclusion, les institutions européennes ont acté le passage d'une souveraineté populaire de façade à une souveraineté commerciale assumée

L'une des deux instances chargées de voter les lois – le Conseil de l'Union européenne – celle qui a plus de prérogatives que le Parlement, n'est pas issue de la représentation populaire. Le Parlement qui ne représente pas un peuple culturellement et linguistiquement homogène, a perdu l'initiative des lois au profit du pouvoir exécutif. Cette initiative est par ailleurs tronquée car elle consiste à mettre en application les principes issus des traités constitutifs. Le droit dérivé résultant de ce processus est par ailleurs extrêmement influencé par les intérêts financiers présentés par les multiples « lobbies » qui parcourent constamment et en toute impunité les couloirs du Parlement, du Conseil de l'Union européenne et de la Commission.

Le Parlement européen s'analyse juridiquement comme une institution supranationale qui a pour rôle d'enregistrer, activement ou passivement, les décisions prises par les multinationales qui contrôlent à la fois la Commission européenne et les différents pouvoirs exécutifs des États membres de l'Union.

Si l'on récapitule les questions relatives à la souveraineté, on constate que les institutions européennes ont acté un considérable amoindrissement du pouvoir et de la volonté populaire en matière de régulation sociale. Les intérêts privés des grands groupes économiques ont une prééminence, de droit et de fait, sur les intérêts des simples particuliers dans le droit dérivé de l'Union européenne (directives et règlements). Le droit de vote parlementaire, qui n'est même plus le vecteur juridique du « mandat représentatif », sert de simple vernis populiste permettant aux institutions européennes de prétendre au statut officiel, via la mise en œuvre d'un parlementarisme de façade, de démocratie. Ledit système politique est en réalité aux mains des seuls oligarques (ploutocratie cachée derrière l'anonymat de diverses personnalités morales) et de leurs intérêts privés.

La ploutocratie initiatrice du projet institutionnel européen se joue des « mots » pour recouvrir d'une prétendue légitimité politique des institutions fondamentalement différentes de celles qui portaient ce nom auparavant. Devant une telle supercherie politique, les esprits sont en quelque sorte sidérés, dans l'incapacité d'analyser correctement les tenants et les aboutissants du problème ; les pratiques orwelliennes ont fait leur chemin et les mots utilisés ne recouvrent plus des réalités immuables : les mots, à géométrie variable, ne sont plus des vecteurs de communication.

f. L'objectif politique de la disparition du concept d'État : vers une fédéralisation d'entités publiques dépourvues de toute souveraineté

Les pays d'Europe occidentale qui appartiennent à l'Union européenne sont juridiquement passés, sans le clamer officiellement, d'une souveraineté d'apparence populaire à une souveraineté officiellement commerciale. Cette souveraineté, sous-tendue par la liberté mondiale de circulation des capitaux, n'est que partiellement localisée sur le territoire « européen ».

Ce qui signifie, très précisément, que les hommes politiques – représentants de régimes politiques de type ploutocratique - ayant fait entrer le pays dont ils avaient la charge dans les institutions européennes ont, de facto, assumé officieusement l'abrogation de la souveraineté populaire apparente pour instituer officiellement et juridiquement la souveraineté économique et financière des multinationales. Concrètement, et parce que les entreprises multinationales (bancaires incluses) sont contrôlées par un nombre assez restreint d'individus[53], les institutions européennes se rapprochent très sensiblement d'un régime ploutocratique officiellement assumé ; par opposition aux anciens régimes étatiques qui cachaient leur nature ploutocratique derrière une démocratie de façade ; la façade étant le « mandat représentatif » des élus.

Ce régime ploutocratique, fondé sur la volonté de disparition des États, renforce son intégration de jour en jour. La dernière avancée, qui est dans les cartons depuis, au bas mot 2007 mais en réalité bien avant, est le projet d'assiette commune de l'impôt sur les sociétés, dit ACCIS[54]. Ce projet, initié par les grands cabinets d'audit et de conseil anglo-saxon, dits « fat four »[55], a pour objet de créer une fiscalité directe européenne, premier pas d'un budget européen autonome et d'une intégration politique de type fédéral. Ce projet, qui se présente officiellement de façon fallacieuse comme une réponse européenne à la lutte contre l'évasion fiscale et à la lutte contre la mise en concurrence fiscale des pays européens, a en réalité été initié par les plus gros détenteurs de capitaux (présents dans le capital des multinationales) qui ont eux-mêmes créé l'optimisation fiscale, l'évasion fiscale et qui ont inventé le concept de mise en concurrence des États.

On constate, ici encore, la mise en œuvre de la méthode des « petits pas », par laquelle l'oligarchie dominante renforce et officialise, d'une réforme à l'autre, sa domination en terme à la fois qualitatif – s'agissant de la réalité institutionnelle - et quantitatif puisque nous dépassons de plus en plus largement les États pour arriver à des institutions supranationales à visée mondiale. À la faveur de problèmes artificiels, c'est-à-dire créés de toutes pièces, comme l'évasion fiscale, l'oligarchie fait avancer son agenda en termes de contrôle

53 Cf. https://reporterre.net/Les-737-maitres-du-monde-sont ; lire également : http://lesakerfrancophone.fr/huit-personnes-possedent-autant-que-la-moitie-du-monde ; également les résultats d'une étude suisse : http://www.swissinfo.ch/fre/economie/etude-zurichoise_une-poign%C3%A9e-de-firmes-contr%C3%B4le-l-%C3%A9conomie-mondiale/31495932 et aussi https://arxiv.org/PS_cache/arxiv/pdf/1107/1107.5728v2.pdf ;

54 Cf. http://ec.europa.eu/taxation_customs/business/company-tax/common-consolidated-corporate-tax-base-ccctb_fr

55 Cf. https://fr.wikipedia.org/wiki/Fat_Four

institutionnel ; elle dénonce le problème qu'elle a préalablement créé pour imposer de nouveaux pas vers un fédéralisme dans lequel le « fait politique » n'existe plus.

La prochaine étape sera l'avènement d'un gouvernement mondial oligarchique. Dans cette perspective, les DTS (Droits de Tirage Spéciaux) du FMI, lesquels ont pour vocation d'être gérés à part égale entre le FMI (pour ce qui est de leur émission) et la BRI (pour les mécanismes de compensation dont ils feront l'objet[56]), est l'étape préalable à la création d'une monnaie mondiale, conçue sur le désormais (tristement et frauduleusement) classique modèle des monnaies-marchandises.

4. Conclusion

Au-delà des hommes politiques en place, parfaitement interchangeables, ce sont les structures passées et actuelles du pouvoir en Occident qui ont organisé et sont à l'origine de la disparition officielle de la souveraineté populaire, c'est-à-dire de la disparition du principe démocratique. Plus précisément, cette « souveraineté populaire » proclamée mais jamais réellement mise en œuvre, a été depuis toujours instrumentalisée par les détenteurs du pouvoir économique à des fins de prise du pouvoir politique.

Si l'on considère que la souveraineté populaire consiste en l'écoute et en la traduction politique par le gouvernement des revendications populaires, cette souveraineté était concrètement en France beaucoup plus présente dans l'organisation monarchiste qu'elle ne l'a été dans les républiques et autres régimes politiques issus de la Révolution française. Depuis la Révolution de 1789, l'apparente démocratie populaire, entièrement comprise dans la représentation parlementaire organisée selon le principe du mandat représentatif, a ainsi, naturellement et officiellement, installé au pouvoir une ploutocratie de nature économique, rendant dès lors obsolète le concept de démocratie. Plus le concept de démocratie était claironné, moins il était pratiqué.

Les inventeurs des républiques modernes appartiennent à la caste de banquiers

56 Les DTS serviront de monnaie dans les futures transactions consistant pour les États à vendre à vil prix les biens publics, afin d'apurer leurs dettes (dettes artificiellement créées), au bénéfice des structures financières privées.

commerçants, considérablement enrichis suite aux Grandes Découvertes[57]. Cette caste a confisqué le pouvoir politique au moyen d'une supercherie consistant à mettre officiellement mais fictivement en œuvre la « volonté populaire » ; cette dernière ne représentant en réalité que la volonté des principaux détenteurs de capitaux s'exprimant par le biais de « représentants élus » sans mandat populaire impératif. Les républiques modernes ont été, dès l'origine, conçues pour que le pouvoir souverain soit en définitive dévolu aux principaux banquiers commerçants. En 1789, le pouvoir échappe à l'aristocratie organisée sous la forme politique de la Monarchie, pour échoir au pouvoir financier. Autrement dit, la raison d'être fondamentale de l'avènement des républiques de l'époque contemporaine[58] était la prise du pouvoir politique par des groupes détenteurs du pouvoir financier ; cette prise de pouvoir s'est faite au moyen de la confiscation de la vie politique par des « partis ». Ce qu'avait parfaitement compris, dès 1911, Roberto Michels – sociologue germano-italien – qui faisait valoir que « les partis – et tout comme eux, les syndicats et les autres organisations de masse – sont invariablement aux ordres d'oligarchies soucieuses avant tout de défendre leurs intérêts particuliers et de se maintenir au pouvoir ; le petit groupe dominant résiste sans peine à toute tentative de démocratie donnant la voix au chapitre aux simples adhérents. »[59]

Une observation attentive des institutions laisse apparaître que le concept de souveraineté populaire n'a finalement été qu'un outil de prise de pouvoir aux mains de la caste des banquiers commerçants enrichis. Cette méthode de prise de pouvoir utilisée au moment de la « Révolution française » n'a pas été abandonnée : nous la retrouvons aujourd'hui sous la forme de révolutions sociales contrôlées – appelées « révolutions de couleurs » ou autre nom jovial de fleurs - et autres pratiques d'ingénierie sociale consistant à instrumenter et manipuler les peuples. La manipulation des masses, caractéristique des modalités de la prise de pouvoir de la caste des banquiers commerçants, est une méthode d'ingénierie sociale, conceptualisée au XIXe siècle par la société fabienne[60]. Nous retrouvons la mise en œuvre de cette méthode à un niveau « industriel » tout au long du XXe siècle ; « l'Open Society » de Georges Soros pratique par

57 Cf. https://fr.wikipedia.org/wiki/Grandes_d%C3%A9couvertes

58 Cf. https://fr.wikipedia.org/wiki/%C3%89poque_contemporaine

59 Cf. Robert Michels, *Les partis politiques. Essai sur les tendances oligarchiques des démocraties*, cité par Albert O. Hirschman, *Deux siècles de rhétorique réactionnaire*, édition Fayard, collection « L'espace du politique », 1991, p.98.

60 Cf. https://fr.wikipedia.org/wiki/Fabian_Society

exemple cette méthode à des fins de contrôle politique[61].

Cette même caste de banquiers commerçants a conservé et renforcé au fil des siècles son pouvoir politique, lequel se traduit aujourd'hui par l'avènement d'institutions supranationales[62]. Ils ont organisé, à la fin du XXe siècle, la disparition de la souveraineté populaire apparente et l'avènement officiel de la souveraineté financière et commerçante. Ils organisent consciencieusement, par l'avènement d'organisations internationales dédiées, la disparition de la notion même d'État et l'avènement officiel de leur rôle en tant que « pouvoir », via la liberté de circulation des capitaux et le libre-échange dont le principe essentiel réside dans la liberté pour le renard de circuler dans le poulailler. La liberté des banquiers-prédateurs a pour corollaire la mort rapide des peuples-proies ; les peuples sont les victimes de la volonté politique hégémonique cachée des principaux détenteurs de capitaux.

La notion juridique d'État a elle-même été instrumentalisée pendant tout le XXe siècle par la caste de banquiers commerçants afin d'asseoir politiquement leur prise de pouvoir. C'est ainsi que nous trouvons l'avènement d'États dans l'État, tels que La City de Londres, le Vatican (suite aux accords du Latran de 1929), ou la Banque des règlements internationaux (BRI en français, BIS en anglais) créée à Bâle en 1930. Le concept d'État a également été instrumentalisé par la création d'une multitude de paradis fiscaux, territoires dotés d'une prétendue indépendance politique, laquelle est soumise à la ferme dépendance économique de leurs concepteurs, les principaux propriétaires de capitaux de la planète[63]. Tous ces prétendus États indépendants ont pour point commun un noyau financier aussi actif qu'il est opaque.

Aujourd'hui, cette caste est devenue suffisamment puissante pour se passer de subterfuges démocratiques : elle souhaite prendre officiellement et institutionnellement le pouvoir qu'elle exerçait jusqu'alors de façon officieuse. Ainsi la ploutocratie, non contente de se débarrasser de la seule souveraineté populaire, ne souhaite pas non plus s'embarrasser de souverainetés étatiques. Cette oligarchie se prononce institutionnellement pour l'avènement d'un fédéralisme, européen mais surtout mondial, dans lequel les « entités politiques » ne seront pas autonomes et souveraines mais de simples relais d'un pouvoir central tout puissant.

61 Cf. https://www.youtube.com/watch?v=O1oXVtG9R6w&feature=youtu.be

62 Cf. Pierre Hillard, *La fondation Bertelsmann et la gouvernance mondiale,* éditions François-Xavier de Guibert, 2009.

63 Cf. Valérie Bugault, *Géopolitique des paradis fiscaux* : http://lesakerfrancophone.fr/decryptage-du-systeme-economique-global-47-geopolitique-des-paradis-fiscaux

Nous abordons ici les tenants et les aboutissants du fameux nouvel ordre mondial.

Dans le contexte ci-dessus décrit, ceux, trop nombreux - hommes politiques et économistes - qui, en France, se prononcent de façon incantatoire pour un retour à la Ve République ou pour l'avènement d'une VIe République ne précisent jamais que cette république sera, dès l'origine, entachée du vice de ploutocratie ; laquelle a directement mené à la souveraineté économique officielle des multinationales. Comme Rousseau lui-même l'avait parfaitement décrit, la représentativité parlementaire a toujours été la négation de la souveraineté populaire, les représentants du peuple étant, ab initio, les représentants des « banquiers-commerçants » qui ont pris le pouvoir politique à la faveur de la prétendue Révolution française.

De la même façon, les partisans proclamés du retour au « souverainisme », qui s'effarouchent bruyamment de la disparition de la souveraineté de l'État, ne s'attardent jamais à expliquer que cette souveraineté est en réalité celle des détenteurs de la richesse et non celle du peuple - pourtant toujours mis en avant dans les discours officiels. Les individus qui s'offusquent de la « souveraineté volée » se prononcent ainsi au mieux (dans de très rares cas) pour l'abrogation des traités européens mais jamais ni pour l'abrogation du système mondial de libre-échange et de circulation des capitaux géré par l'OMC et l'OCDE - alors pourtant que les institutions européennes ne sont qu'une émanation du rapport de force ayant imposé l'OMC et l'OCDE - ni pour l'abrogation des banques centrales gérées et coordonnées par la BRI. Ces partisans du « souverainisme » parlent de souveraineté sans jamais vouloir donner au peuple les moyens de récupérer la souveraineté populaire qu'il n'a, d'ailleurs concrètement, jamais réellement exercée depuis l'avènement des républiques auto-proclamées démocratiques.

Les partisans du retour à la Ve République, ceux de l'avènement d'une VIe République ainsi que les actuels « souverainistes » dénoncent tous des effets dont ils chérissent par ailleurs les causes. Si l'on veut collectivement s'extraire du pouvoir financier prédateur qui étreint les institutions politiques, on ne peut, symboliquement, utiliser les concepts que ce pouvoir financier a lui-même déployés pour accéder au pouvoir politique.

Dans ce contexte, la souveraineté ne saurait en aucune façon être rattachée au concept de république (pas plus la Ve que la VIe ou la XVIIIe) dans de futures institutions réellement démocratiques. En effet, changer la forme actuelle du pouvoir sans vouloir modifier les structures dudit pouvoir revient à apposer un

« cautère sur une jambe de bois », c'est-à-dire à pratiquer la maxime oligarchique suivante : « tout changer pour que rien ne change ». C'est précisément pour cette même raison que le chaos mondial actuel ne pourra prendre fin qu'avec la déconstruction systématique de l'ordre économique et financier qui sévit aujourd'hui dans le monde au travers des institutions internationales actuelles, lesquelles ont été portées sur les fonts baptismaux par les structures nationales du pouvoir en Occident.

Si formellement la notion d'État est conservée, elle est en réalité dépourvue de toute légitimité politique car elle ne reflète pas la nécessité d'organisation sociale inhérente à tout groupement humain juridiquement organisé sous forme d'État. Les États ainsi instrumentalisés sont en réalité transformés en « entreprises » fonctionnant sur les principes de l'accaparement monétaire et économique. Le « fait politique » a été phagocyté par le « fait économique ». Les institutions supranationales de l'Union européenne ne font que mettre en musique juridique le processus de détournement du « principe politique » par le « principe économique ».

III. DEUXIÈME PARTIE : DE L'ORGANISATION JURIDIQUE DE LA VIE EN SOCIÉTÉ

Retourner à une conception politique de la vie en commun suppose d'abord et avant tout une prise de conscience généralisée de la conception strictement économique de la vie qui prévaut actuellement. Le concept économique a pris en otage le concept politique, opérant de ce fait une inversion des valeurs puisque, dans l'ordre naturel des choses et si les mots ont encore un sens, le « fait économique » est inclus dans le « fait politique » - compris dans son sens d'organisation sociale - sans aucunement pouvoir s'y substituer.

Nous mettrons en évidence les moyens structurels et institutionnels qui ont pour effet de mettre la vie en société sous le seul joug d'une conception strictement économique. Avant de montrer que la voie permettant de sortir de l'impasse, celle qui rendra au « fait politique » la prééminence sur le « fait économique », passe par une déconstruction méthodique de l'ordre international actuellement en vigueur.

A. Brève description de l'actuelle conception économique de la vie en société

Les principaux propriétaires de capitaux règnent aujourd'hui, de plus en plus officiellement en maîtres absolus. Les deux piliers de cette domination reposent sur la centralisation entre leurs mains des problématiques monétaires et sur la diffusion du libre-échange, celui-ci étant entendu comme la domination de l'économie par les multinationales[64].

Autrement dit, le « fait politique » est entre les mains du « fait économique » en raison, principalement, du pouvoir des banques centrales et de l'institutionnalisation du libre-échange axé autour de la liberté de circulation des capitaux.

64 Voir ma série « Décryptage du système économique global publié sur le site du Saker francophone » : http://lesakerfrancophone.fr/category/auteurs/valerie-bugault

1. En Occident en général et en Europe en particulier

En Occident, le contrôle du « fait politique » par le « fait économique » prend deux formes principales : les banques centrales et le libre-échange axé autour de la liberté de circulation des capitaux. Ce dernier principe étant aujourd'hui politiquement incarné par les institutions de l'Union européenne.

a. Le pouvoir des banques centrales

Le système des banques centrales existe aujourd'hui dans la plupart des États du monde ; il est né en Europe, plus précisément en Angleterre et en France, avant d'avoir prospéré aux USA[65].

Les banques centrales sont politiquement coordonnées au niveau international par la Banque des règlements internationaux (BRI en français, BIS en anglais) située à Bâle et dotée d'un statut d'extraterritorialité ; cette institution financière a, en droit public, une nature identique à celle d'un État.

Les banques centrales ont pour objectif de contrôler la masse monétaire en circulation par le biais d'une centralisation des questions monétaires dans les mains des principaux capitalistes. Cette centralisation s'opère par plusieurs moyens : le contrôle des taux directeurs (taux d'intérêts de court terme), le contrôle du système dit de « réserve fractionnaire » qui permet aux banques privées de mettre en circulation de la monnaie créée ex nihilo, et le contrôle de la création monétaire directe, ancienne « planche à billets » appelé plus subtilement aujourd'hui « Quantitative Easing ». La politique monétaire commune suivie par les différentes banques centrales affiliées à la BRI est régulée selon un agenda spécifique décidé à et par cette institution.

Fait notable, la BRI est la première institution bancaire ayant acquis en droit international public un statut juridique identique à celui d'un État, sans toutefois porter corrélativement la charge de gérer les affaires humaines. Il s'agit, un peu sur le modèle de ce qu'est La City de Londres, de gérer les intérêts

65 Cf. Valérie Bugault, *Géopolitique des banques centrales* : http://lesakerfrancophone.fr/decryptage-du-systeme-economique-global-17-geopolitique-du-systeme-banques-centrales

financiers des propriétaires-gestionnaires des différentes banques centrales ; ce qui n'a rien à voir avec le respect d'un quelconque « intérêt commun » et tout à voir avec celui des intérêts particuliers des plus gros détenteurs de capitaux. Il faut également remarquer qu'il n'existe que quelques institutions qui ont une autonomie territoriale et politique apparente : La City de Londres, la BRI, le Vatican et tous les paradis fiscaux organisés sous forme d'États indépendants. Tous ces « États » ont pour point commun d'avoir un « noyau » bancaire aussi actif qu'opaque. La création de ces « États » fictifs, dont la seule vocation est d'ordre financier, est en réalité une instrumentalisation ouverte par les principaux détenteurs de capitaux, du concept juridique « d'État ». Le résultat de cette instrumentalisation est une confusion juridique extrême et finalement, une perte de légitimité de la notion juridique « d'État » ; ce qui sert parfaitement l'agenda mondialiste des principaux détenteurs de capitaux qui veulent supprimer ce concept.

Les banques centrales contrôlent la masse monétaire en circulation en agissant sur l'offre de monnaie disponible, augmentant ou restreignant cette masse en fonction de leurs propres intérêts.

La politique monétaire consistant à mettre en circulation un surplus de masse monétaire, via une politique de taux d'intérêts très faibles, a pour conséquence une augmentation artificielle des échanges commerciaux générant une augmentation du prix des actifs. Cette augmentation des échanges est artificielle car elle est assise sur des emprunts que les débiteurs devront tôt ou tard rembourser. Or, ces emprunts n'ont rien coûté aux banques émettrices qui pratiquent (par la grâce du principe dit de « réserve fractionnaire ») la création monétaire temporaire-permanente ex nihilo. Cette création monétaire est temporaire du point de vue de l'emprunteur car elle est, pour chaque prêt contracté, annulée au moment du remboursement de l'emprunt. Cette création monétaire est en revanche permanente du point de vue de la banque émettrice des prêts, car tout prêt remboursé est corrélé par l'émission de nouveaux prêts octroyés à d'autres (parfois aux mêmes) emprunteurs. Elle génère, mécaniquement, la création de bulles spéculatives par une augmentation artificielle de la demande.

Cette création monétaire à l'initiative des banques privées génère de façon mécanique d'une part, une pression constante sur la stabilité des entreprises, les poussant à toujours plus de plans sociaux, et d'autre part, une concentration des capitaux dans les mains des banques prêteuses ; il faut en effet considérer que les banques qui ont mis en circulation de l'argent créé ex nihilo, perçoivent en contrepartie des intérêts ponctionnés sur les emprunteurs, ce qui les pousse à chercher toujours plus de productivité.

Le fonctionnement bancaire selon le principe de la réserve fractionnaire est en lui-même mécaniquement générateur d'inflation. Or, les banques centrales ont pour principale mission de veiller à la stabilité des prix, c'est-à-dire d'éviter l'inflation. Il s'agit donc, pour les banques centrales, de juguler une inflation dont elles organisent par ailleurs la permanence. Autrement dit, les banques centrales ont pour rôle de limiter l'inflation qu'elles organisent ! C'est un peu comme parler de liberté et pratiquer la dictature. Organiser l'inflation est tout à fait antinomique avec le fait de vouloir la juguler. La prétendue lutte contre l'inflation n'est qu'un artifice utilisé par les détenteurs du pouvoir économique pour justifier aux yeux d'un public ignorant le contrôle opéré par les banques centrales sur la masse monétaire en circulation ; ce contrôle étant dans l'intérêt bien compris des principaux détenteurs de capitaux et non dans celui des particuliers et des PME. Nous retrouvons ici la méthodologie utilisée par les principaux détenteurs de capitaux qui ont instrumentalisé la « volonté populaire » en faisant croire que la démocratie correspondait au principe de représentation parlementaire. Nous sommes d'un point de vue sémantique, autant qu'essentiel, dans le cadre d'une politique orwellienne ; l'essentiel étant que le public ne comprenne rien.

Par le fait du prince des banques centrales, la politique de bas taux d'intérêt sera inévitablement suivie par une restriction de la masse monétaire en circulation, au moyen d'une remontée des taux d'intérêts. La remontée des taux va entraîner une explosion des bulles spéculatives car l'excédent de demande économique sur l'offre disponible, artificiellement organisée par un excès de prêts, va mécaniquement se désintégrer. Par ailleurs, l'augmentation des taux aura pour conséquence que les emprunteurs vont devoir assumer une augmentation (parfois très sensible) des intérêts dus sur leurs prêts, générant parfois une mise en vente de leurs propres actifs pour pouvoir assumer leurs charges financières nouvelles. Cela aura pour conséquence mécanique une augmentation du niveau de l'offre sur la demande (puisque plus de biens seront à vendre).

Il résulte donc de la politique de remontée des taux d'intérêts d'une part, une réduction de la demande et d'autre part, une augmentation de l'offre. Ce qui a pour effet automatique une baisse du prix des actifs, c'est-à-dire un dégonflement ou une explosion (selon les cas) des bulles spéculatives. C'est dans ce contexte que les plus gros détenteurs de capitaux interviennent pour racheter à vil prix tout un tas d'actifs sous-évalués, renforçant d'autant la concentration des capitaux… Et le cycle se répète indéfiniment.

Les États ont été dépouillés de leur rôle de protecteurs par ce système qui relie les banques centrales, les banques universelles, et d'autres établissements assimilés tels que les « Hedge Funds », les compagnies d'assurance, les sociétés de bourse, les chambres de compensation... Les banques centrales des pays de l'hypercapitalisme financier n'ont plus d'ordres à recevoir des gouvernements : elles règlent en toute indépendance la circulation monétaire, les systèmes bancaires, l'émission de la monnaie, la stabilisation ou déstabilisation du système monétaire mondial. Si les « prélats » de l'idéologie financière occidentaliste se gargarisent du thème de la séparation des pouvoirs, théorisée par Montesquieu (1748) et présentée comme l'obstacle au despotisme, les États consentants sont maintenant dominés par les marchés financiers. Ils en sont réduits à piller leurs populations par une fiscalité écrasante dont le produit sert notamment à payer les intérêts de leurs dettes, éponger les pertes et les dettes des carambouilleurs de la finance logés dans les paradis fiscaux[66] et dans les banques universelles qui sont « too big to fail », c'est à dire trop grosses pour faire faillite.

En conclusion, la mainmise des banques centrales sur la masse monétaire en circulation (qu'elle soit faite au moyen de la politique des taux d'intérêts ou qu'elle soit pratiquée par le « Quantitative Easing ») est un formidable outil d'accaparement des richesses aux mains des principaux détenteurs de capitaux ; lesquels se trouvent être justement ceux qui contrôlent, plus ou moins directement, les banques centrales.

b. Le libre-échange axé autour de la liberté de circulation des capitaux

La deuxième branche du contrôle du « fait politique » par le « fait économique » est le nouvel ordre politique supranational issu du libre-échange, gouverné par le principe de liberté de circulation des capitaux.

66 Anguilla (Royaume-Uni), Antigua-et-Barbuda, Aruba (Pays-Bas) Bahreïn, la Barbade, Belize, Bermudes (Royaume-Uni), Îles Caïmans (Royaume-Uni), Îles Cook, Costa Rica, Curaçao (Pays-Bas), Delaware (États-Unis), La Dominique, Émirats arabes unis, Gibraltar (Royaume-Uni), Grenade, Liberia, Malaisie (Labuan), Îles Marshall, Montserrat (Royaume-Uni), Nauru, Niue, Panama, Philippines, Saint-Christophe-et-Niévès, Saint-Vincent-et-les Grenadines, Sainte-Lucie, Samoa, Seychelles, Saint-Martin (Royaume des Pays-Bas), Îles Turks-et-Caïcos (Royaume-Uni), Uruguay, Vanuatu, Îles Vierges britanniques (Royaume-Uni).

La politique de contrôle de la masse monétaire en circulation est d'autant plus efficace que les capitaux circulent librement et ne sont pas sous le contrôle d'États aspirant à la souveraineté. Autrement dit, l'action consistant à contrôler, via la masse monétaire en circulation, la quantité d'offre et de demande d'échanges ne peut avoir de plein effet que si l'offre et la demande en question ne sont entravées par aucune autre contrainte (règlementaire ou politique) que la quantité de monnaie en circulation. Pour jouer pleinement son jeu, le contrôle des monnaies nécessite d'être la seule variable d'ajustement de l'économie. C'est précisément la raison pour laquelle la liberté de circulation des capitaux est le corollaire direct et indispensable du contrôle des masses monétaires par les banquiers. Dans une perspective de prise de pouvoir au niveau mondial, l'un ne va pas sans l'autre. Contrôle des monnaies et liberté de circulation des capitaux sont des armes aux mains des détenteurs du pouvoir économique pour renforcer leur mainmise sur l'économie, ce qui leur permet de s'emparer du pouvoir politique.

Les détenteurs du pouvoir économique ont expérimenté cette technique consistant en l'alliance du contrôle monétaire et de la liberté de circulation des capitaux par paliers.

Ils l'ont d'abord mise en œuvre au niveau des États unitaires (création du concept de banque centrale) où les capitaux circulaient librement sur un territoire à la monnaie unifiée.

Dans un deuxième temps, ils l'ont mise en œuvre aux USA, État fédéral, où ils ont utilisé la liberté de circulation des capitaux au niveau fédéral pour mettre en concurrence fiscale et sociale les États fédérés - qui avaient la même monnaie - ; pratiquant ainsi l'ingénierie financière consistant à donner aux grandes entreprises un rôle prééminent par rapport aux États.

Les principaux détenteurs de capitaux ont ensuite expérimenté cette même technique à un niveau régional supranational (institutions européennes[67]), créant une « monnaie commune » qui, alliée à la liberté de circulation des capitaux, sera utilisée pour mettre en concurrence déloyale d'anciens États, au moyen d'institutions juridiques nouvelles ; les anciens États se trouvant dans la position des États fédérés américains, c'est-à-dire en position structurellement affaiblie par rapport aux grandes entreprises. S'agissant de l'Europe, il faut rappeler que

67 Cette conception particulière du libre-échange est, nous l'avons vu, parfaitement incarnée par les institutions européennes.

les institutions supranationales sont gouvernées par des traités constitutifs qui sont, avant toute chose, des traités commerciaux. Ces traités ont pour objet de transformer le libre-échange en principe politique. Ils organisent à cet effet des institutions qui ont pour unique vocation de mettre en œuvre les intérêts privés des principaux détenteurs de capitaux, cachés derrière le paravent des multinationales. Ce sont précisément les individus qui se cachent derrière ces multinationales qui sont, via les États qu'ils contrôlent, à l'origine des institutions européennes. Ces individus ont mis l'intégralité de l'organisation des sociétés humaines vivant sur le territoire européen en coupe réglée - réglée sur la satisfaction de leurs intérêts financiers privés - en particulier celui visant à concentrer le capital. C'est ainsi que les anciens États européens sont mis en concurrence permanente, pratiquant, pour survivre temporairement, la moins-disance fiscale et sociale au bénéfice des multinationales privées. Ce phénomène a pour corollaire de contraindre, mécaniquement, les États à pratiquer un resserrement insupportable de la pression fiscale et sociale sur les particuliers (en priorité les classes moyennes) et sur les petites et moyennes entreprises insusceptibles de délocalisation.

L'État, mis au service des multinationales, n'a dès lors plus de légitimité politique, ce qui offre aux principaux détenteurs de capitaux la justification nécessaire pour réclamer leur disparition, et plaider pour toujours plus de supranationalité. « Qui veut noyer son chien l'accuse de la rage». Les fauteurs de troubles sont aussi ceux qui nous apportent leur solution : l'ordre, ou plutôt le désordre européen, est une belle mise en application de la maxime « *ordo ab chaos* ». Ce chaos juridiquement organisé se décline également au niveau international.

L'ambition des principaux détenteurs de capitaux ne s'arrête évidemment pas au niveau européen : l'avènement de l'OMC et du principe de libre-échange au niveau mondial, allié à la récente intervention de DTS, bientôt transformés en monnaie mondiale, répond à leur ambition de faire disparaître les États souverains pour imposer leurs propres institutions politiques au niveau international. Habituellement désigné par le terme « nouvel ordre mondial », ce NOM est en réalité l'ancien ordre des principaux détenteurs de capitaux, né dans les pays européens, et étendu au niveau mondial. La vague du libre-échange ainsi conçu, alliée à l'avènement d'une monnaie internationale a pour vocation initiale la prise de pouvoir politique et institutionnelle mondiale par les principaux détenteurs de capitaux. L'aboutissement de ce mouvement passera par la disparition complète des États et la constitution de vastes régions dénuées de pouvoir politique réel et coalisées en fédération, le tout contrôlé par les instances centralisées non démocratiques - un peu à la manière de l'actuelle Commission européenne.

2. Au niveau international : l'ordre est en réalité un désordre international où le « fait institutionnel » tend à être contrôlé par les détenteurs du pouvoir économique

Nous retrouvons, sans surprise, au niveau international, les deux mêmes colonnes de la domination que celles qui régissent les pays occidentaux, en particulier européens : le système monétaire et financier international issu des accords de Bretton Woods[68] en mode dégradé, et le libre-échange capitalistique issu du GATT[69] puis des accords de Marrakech instituant l'OMC[70]. Il n'y a pas à s'en étonner car les deux piliers de la domination oligarchique que sont le contrôle monétaire et la liberté de circulation des capitaux ont été mis en place par les tenants occidentaux du système de domination : les principaux capitalistes cachés derrière les multiples personnes morales composant les groupes de sociétés (multinationales bancaires, agro-alimentaires, chimico-pharmaceutiques etc.).

Ces derniers œuvrent pour l'avènement officiel de leur pouvoir au niveau mondial en appelant de leurs vœux le fameux nouvel ordre mondial. Ces vœux ne sont pas pieux, ils sont au contraire solidement étayés par de nouvelles et incessantes avancées des institutions internationales. Le dernier avatar de cette domination, qui se veut globale, est l'avènement des DTS : unité de compte dont la vocation est de se transformer en monnaie d'échange international en remplacement progressif du dollar américain[71]. L'histoire ayant montré qu'une monnaie nationale telle que le dollar ne remplissait pas techniquement les exigences (cahier des charges) d'une monnaie internationale, le dollar est en conséquence, moyennant quelques remous politiques, voué à redevenir une simple monnaie locale. Ce processus implique, à terme, l'effacement de la colossale dette américaine en échange de privatisations des biens publics et de l'affectation au gouvernement américain d'un montant de DTS proportionnel à ses capacités économiques une fois la dette apurée. Le FMI et la BRI jouant, via l'émission de DTS, leur rôle de machine à essorer les peuples, en attendant la transformation des DTS en crypto

68 Cf. https://fr.wikipedia.org/wiki/Accords_de_Bretton_Woods

69 Cf. https://fr.wikipedia.org/wiki/Accord_g%C3%A9n%C3%A9ral_sur_les_tarifs_douaniers_et_le_commerce

70 Cf. https://fr.wikipedia.org/wiki/Organisation_mondiale_du_commerce

71 Les contrats de transport des compagnies aériennes sont, par exemple, d'ores et déjà libellés en DTS : voir l'exemple d'Air France : http://www.airfrance.fr/FR/fr/common/transverse/footer/edito_cgt1_airfrance.htm

monnaie mondiale que le magazine *The Economist* désignait (et appelait de ses vœux) dès 1987 du terme de « phoenix »[72].

Une fois établie (cahin-caha) la liberté de circulation des capitaux au niveau mondial, le contrôle de la masse monétaire en circulation sera, du point de vue des tenants du pouvoir économique, évidemment plus simple si cette masse est composée d'une unique monnaie à usage mondial. Nous retrouvons ici les mêmes mécanismes que ceux décrits plus haut et consistant à se rendre maître intégral du système économique par le biais de l'accaparement généralisé des richesses[73], avant d'installer un système politique sur-mesure organisant au niveau institutionnel, la suprématie des principaux détenteurs de capitaux sur le reste des humains, lesquels seront immanquablement ravalés au rang d'esclaves.

a. Les institutions financières issues des accords de Bretton Woods

Il importe de brièvement rappeler le contexte des accords de Bretton Woods. En 1944, au moment de la signature de ces accords, les États-Unis d'Amérique avaient supplanté la puissance britannique. C'est la raison pour laquelle la conception monétaire de l'anglais John Maynard Keynes, globaliste favorable à la création d'une monnaie mondiale appelée « bancor », avait été supplantée par les intérêts américains portés par Harry Dexter White. Il en est résulté que le dollar américain a été imposé comme monnaie pour les échanges internationaux, ce qui a décalé d'autant l'arrivée de la monnaie mondiale préfigurée par les actuels DTS du FMI.

Toutefois, le dollar comme monnaie mondiale a montré ses limites car les contraintes de gestion d'une monnaie locale sont, à bien des égards, en opposition avec les contraintes de gestion d'une monnaie mondiale. L'existence d'une monnaie locale à usage mondial exige une certaine schizophrénie de gestion qui, en définitive, se retourne contre les intérêts de la gestion de cette monnaie au niveau local. C'est précisément ce qui s'est historiquement produit, générant au passage la chute annoncée et d'ores et déjà bien engagée de l'empire américain.

72 Cf. http://lesakerfrancophone.net/soyez-pret-pour-le-phoenix/

73 Voir cet article récent qui explique que huit personnes possèdent aujourd'hui autant que la moitié du monde : http://lesakerfrancophone.fr/huit-personnes-possedent-autant-que-la-moitie-du-monde

Il ne faut pas déduire de la chute de l'empire américain la fin du processus de domination ; elle ne l'est pas plus que la chute de l'Empire britannique l'a été. La parenthèse de la domination américaine une fois refermée, le cours historique de l'histoire monétaire et de la domination mondiale pourra reprendre là où il s'était arrêté en 1944. La conception Keynésienne d'une monnaie mondiale revient aujourd'hui à l'ordre du jour des globalistes. Le recul progressif de l'empire américain apparaît finalement être le prochain et indispensable pas nécessaire à l'avènement d'une monnaie mondiale gérée par la caste des banquiers commerçants prédateurs. L'avènement d'une monnaie mondiale sera le pas, déterminant, pour l'avènement d'un gouvernement mondial ; lequel sera dans les mains de ceux qui contrôlent la monnaie mondiale et qui ont organisé la libre circulation mondiale des capitaux. Plus personne ne parlera alors de démocratie : ce paravent politique sera, après avoir dument joué son rôle, relégué aux oubliettes de l'histoire.

S'agissant de l'aspect monétaire et financier, les accords de Bretton Woods ont, sous l'égide de la puissance américaine d'alors, donné naissance à des institutions financières internationales qui ont joué un grand rôle dans l'ordre mondial et qui continueront probablement à remplir ce rôle ; elles seront toutefois nécessairement découplées de la puissance politique américaine. Il s'agit du FMI, récemment décliné en version fédérale avec l'avènement d'un FMA (Fonds monétaire asiatique), de la Banque mondiale, et des institutions financières pour le développement régional[74]. Ces institutions internationales sont toutes, sans exception, contrôlées par les grands capitalistes à l'origine des empires anglais, américain, ainsi que de l'émergence, dans le dernier quart du XXe siècle, de la Chine en tant que puissance économique mondiale.

b. Le libre-échange autour de la liberté de circulation des capitaux issu du GATT, de l'OMC et de leur support technique qu'est l'OCDE

Après le conflit mondial de 1945, les États Unis d'Amérique ont œuvré pour convertir le monde au libre-échange. L'économie transnationale qu'ils ont promue est justifiée aux yeux des foules par la thèse du « doux commerce » formulée au

74 Cf. Valérie Bugault, *Géopolitique du système des banques centrales* : http://lesakerfrancophone.fr/decryptage-du-systeme-economique-global-17-geopolitique-du-systeme-banques-centrales

XVIIIe siècle, qui postule que le commerce est un agent civilisateur qui permet d'éviter les guerres. Selon Montesquieu, dans *L'esprit des lois* (1749), l'expansion du marché restreint l'arbitraire et les coups d'autorité du souverain en politique intérieure et extérieure. Le thème du commerce qui adoucit les mœurs fut repris par Condorcet (1793-94) mais aussi par Thomas Paine qui écrivit en 1791 dans *Rights of Man* : « Le Commerce est un système pacifique qui a pour effet de répandre la cordialité parmi les hommes en rendant les nations, aussi bien que les individus, utiles les uns aux autres »[75]. Le commerce et les manufactures fortifieraient, voire engendreraient des vertus telles que l'application et l'assiduité, la frugalité, la ponctualité, la probité. En somme, le capitalisme devait créer un ensemble d'attitudes psychologiques et de dispositions morales désirables en elles-mêmes tout autant que favorables à l'expansion du capitalisme.

L'expérience historique montre une réalité pratique du commerce à contrecourant de l'utopie du XVIIIe siècle. La pratique est tout à fait stupéfiante : en symbiose avec la Grande-Bretagne, les États-Unis ont mis au point le modèle du contrôle social indirect appliqué au monde entier : banques centrales, finance, commerce et médias suffisent à orienter les populations. Nombre d'actions économiques sont dirigées d'en-haut : administrations d'État, conseils des banques, patronat, experts, etc. Les populations obéissent aux ordres. Le guidage de l'économie est indirect : adoption de lois inspirées par les think tanks, listes noires de pays ou de personnes, embargos, contrôle de flux financiers...

L'économie mondiale résulte aujourd'hui de décisions prises à l'échelle de la planète selon des moyens globaux : un pouvoir oligarchique mondial dont les aspects les plus visibles sont la Banque mondiale, la BRI (Banque des règlements internationaux) et le FMI d'une part, l'OMC, Organisation mondiale du commerce d'autre part.

Il faut ici préciser que l'OMC est l'exact opposé de l'OIC[76] (Organisation internationale du commerce - 1948), qui avait été créée par la charte de La Havane[77] au sortir de la Seconde Guerre mondiale. Dans son principe cette charte s'opposait totalement aux principes du libre-échange de l'actuelle OMC : elle proposait une approche très différente des conceptions actuelles du commerce international, le développement de chaque pays étant fondé sur la coopération et non sur la concurrence.

75 Cité par Albert Hirschman, *L'économie comme science morale et politique*, Gallimard-Le Seuil, Etude n°1, 1984.

76 Cf. https://fr.wikipedia.org/wiki/Organisation_internationale_du_commerce

77 Cf. https://fr.wikipedia.org/wiki/Charte_de_La_Havane

L'avènement du libre-échange[78] à la mode OMC est en réalité l'organisation de la prédation économique des multinationales au niveau mondial. Il ne s'agit absolument pas de pratiquer au niveau international l'échange économique de façon neutre, c'est-à-dire un échange qui profiterait à toutes les entreprises, mais au contraire de favoriser cet échange au seul profit, via la concentration des capitaux qu'il suppose, des multinationales et des propriétaires qui se cachent derrière. Dans un système ouvert, qui est celui dans lequel les États ont renoncé à leur pouvoir de régulation, la seule loi qui règne est la « loi du plus fort ». Le plus gros mange le plus petit, et les grandes entreprises sont fatalement amenées à dominer et avaler les plus petites. C'est précisément le triste spectacle qui est révélé par la grande mode des « fusacs », c'est-à-dire des fusions acquisition et autres fusions absorption. Les fusions ne sont pas du tout une création de richesse mais au contraire une disparition nette de valeur concrétisée par une disparition de la richesse matérielle, et de la diversité culturelle produite par la multitude des petites et moyennes entreprises[79].

Les dérégulations financières d'origine anglo-saxonne[80] alliées au principe de libre circulation des capitaux promue par le libre-échange façon OMC (axé sur la libre circulation des capitaux), ont eu pour conséquence que le moteur central de l'économie mondiale est aujourd'hui le mouvement des capitaux spéculatifs. Or, ces mouvements de capitaux sont parfaitement inutiles. Ils se produisent en raison de la volonté de certains groupes financiers (parfois cachés derrière des États tels que la Grande-Bretagne et les USA) de conquérir une place dominante dans le monde, indépendamment des intérêts réels des populations.

Tous les modèles de conventions de libre-échange issus de l'OMC visent, via le principe de concurrence, à favoriser les multinationales et à affaiblir subséquemment non seulement les PME (ne parlons même pas des petites et très petites entreprises), mais aussi et surtout les États jusqu'à complète disparition de ces derniers. Il faut préciser que, selon le modèle de convention multilatérale prôné par l'OMC, les États perdent de façon structurelle le contrôle juridictionnel des

78 Cf. Valérie Bugault, *Géopolitique de l'optimisation fiscale* : http://lesakerfrancophone.fr/decryptage-du-systeme-economique-global-27-geopolitique-du-libre-echange

79 Lire à cet égard : http://lesakerfrancophone.fr/de-la-civilisation-europeenne-de-la-mesure-plaidoyer-pour-un-retour-du-concept-deconomie-politique

80 Cf. http://www.les-crises.fr/deregulation-financiere/ ; aussi https://fr.wikipedia.org/wiki/D%C3%A9r%C3%A9glementation ; et encore http://tempsreel.nouvelobs.com/economie/20110916.OBS0537/la-gauche-francaise-pionniere-de-la-deregulation-financiere.html

contentieux qui les opposent aux entreprises ; les récents houleux débats européens concernant la clause de règlement des différends inclus dans les traités transatlantiques (TAFTA, CETA et TISA), ne sont qu'une mise en œuvre de ce principe imposé au niveau mondial par l'OMC.

Les institutions issues de l'OMC peuvent, pour remplir leur rôle, compter sur un appui sans faille de l'OCDE dont la fonction, sous le fallacieux prétexte technique du besoin d'harmonisation, vise à assurer la prééminence des multinationales sur les États, favorisant au passage la liberté de circulation des capitaux vers les paradis fiscaux tout en faisant mine de la combattre. Dans un contexte structurel d'anonymat des capitaux, on ne peut absolument pas combattre les paradis fiscaux au moyen de conventions d'échange de renseignements, qu'elles soient automatiques ou non automatiques : il faut que cela soit clair pour tout le monde. La seule façon de combattre juridiquement les paradis fiscaux, qui sont une pure construction juridique, est de mettre fin à l'anonymat des capitaux. Jamais l'OCDE ne tiendra ce discours, cet organisme est au contraire là pour enfumer les esprits et faire accroire, à grand renfort de technicité, que les paradis fiscaux sont un mal dont il faut finalement s'accommoder mais que l'on peut limiter en pratiquant l'échange automatique de renseignements.

En réalité, aussi bien l'OMC que l'OCDE ont notamment pour rôle de rendre possible et de favoriser, autant que faire se peut, l'intégration au niveau international de l'optimisation fiscale[81]. Les bénéfices optimisés partent directement alimenter les paradis fiscaux, affaiblissant corrélativement des États déjà moribonds. La fonction de ces institutions est de mettre en œuvre au niveau mondial, un abaissement structurel des États qui deviendront de simple « faire-valoir » des multinationales privées et des détenteurs de capitaux qui se cachent derrière ces groupes économiques.

c. Les paradis fiscaux : rouage essentiel de la contestation de la suprématie politique des États par les tenants du pouvoir économique

Selon le Fonds monétaire international, 50 % des transactions internationales transitent par des paradis fiscaux. Ces derniers hébergent 4 000 banques, les deux

81 Lire mon article : http://lesakerfrancophone.fr/decryptage-du-systeme-economique-global-37-geopolitique-de-loptimisation-fiscale

tiers des « Hedge Funds » et plus de deux millions de sociétés-écran. Environ 12 000 milliards de dollars d'actifs dorment sur ces comptes, soit plus de six fois le PIB de la France. Les paradis fiscaux[82] sont à eux seuls un instrument de domination aux mains de la ploutocratie.

En raison de l'opacité juridique qui y règne (rendue plus facile depuis la disparition de la séparation entre banques de dépôt et banques d'investissement), les établissements financiers qui opèrent dans les paradis fiscaux ont tout le loisir d'utiliser l'argent des déposants pour les activités de spéculation, ou pour le financement de tout type d'activités illicites ; le tout sans aucun contrôle, politique, économique ou social de qui que ce soit. Ces industries de la finance ont intérêt, pour augmenter leurs disponibilités financières, à drainer vers eux le maximum de capitaux. C'est précisément ce à quoi a répondu l'organisation au niveau international du système d'optimisation fiscale des entreprises.

Le drainage des fonds privés vers les paradis fiscaux répond à deux fonctions principales. La première est d'affaiblir les finances des États qui voient de facto leur échapper une part de plus en plus importante de leur assiette d'imposition, générant des difficultés de fonctionnement et une perte de légitimité. À cet égard, la France fournit, avec le cas du RSI, un très bel exemple de la stratégie consistant à diaboliser l'État pour mieux l'abattre. En l'occurrence, il s'agit de démanteler le système public de protection sociale. Le gouvernement stipendié du « fait économique » crée un organisme faussement public (le RSI) chargé d'une mission de service public, lequel pratique des abus tellement outranciers qu'ils génèrent un mécontentement abondamment relayé par la presse non officielle[83] ; le débat suivant sera celui de la mise en cause de tout organisme public de protection sociale. Nous sommes ici encore dans la mise en œuvre de la méthode « *ordo ab chaos* » : des dirigeants stipendiés du « fait économique » créent des institutions illégitimes et monstrueuses de façon à délégitimer toutes institutions qui, de près ou de loin, se rattacheraient au concept public diabolisé. La méthode, à force d'être employée, finit par être éculée…

La seconde fonction du drainage des fonds vers les paradis fiscaux est d'affaiblir les États de l'extérieur (et non plus de l'intérieur), d'une part, en générant une

82 Lire mon article : http://lesakerfrancophone.fr/decryptage-du-systeme-economique-global-47-geopolitique-des-paradis-fiscaux

83 Voir par exemple : http://www.entreprise.news/paradis-fiscaux-rsi-sy-enrichit-largent-entrepreneurs/ ; http://www.businessbourse.com/2016/01/04/qui-veut-quitter-la-secu-et-le-rsi-en-2016/

perte de légitimité politique du concept même d'État, celui-ci étant instrumentalisé au profit des multinationales et autres organismes détenteurs de fonds, et d'autre part, en permettant le financement occulte d'activités de subversion politique (financement de partis politiques ou d'hommes politiques) ou militaire voire paramilitaire (par exemple les hordes de terroristes qui ont déferlé sur la Syrie[84]), contre lesdits États. Le premier de ces rôles sert également au second en ce qu'il permet de financer, sur le dos des États victimes de l'évasion fiscale, toutes les guerres ou guérillas illégitimes contre ceux d'entre eux qui lutteraient pour conserver leur indépendance, c'est-à-dire en définitive, leur légitimité politique d'État.

En résumé, le concept de paradis fiscal consiste à mettre à la disposition des gestionnaires de fonds qui y sont localisés (c'est-à-dire les principaux établissements financiers), les liquidités permettant de financer la suprématie que leurs principaux propriétaires souhaitent prendre sur les États. Cette analyse se situe dans la droite ligne des idées formulées par Pareto, qui sont proches des conclusions marxistes mais s'en distinguent radicalement par leur fondement : « l'exploitation » des masses décrites par Marx est en réalité le résultat de « la spoliation » de ces masses par des accapareurs[85]. Et Pareto d'ajouter : « La lutte qu'entreprennent certains individus pour s'approprier la richesse produite par d'autres est le grand fait qui domine toute l'histoire de l'humanité »[86]. Les paradis fiscaux sont le moyen privilégié utilisé par les principaux propriétaires de capitaux leur permettant de pratiquer l'ingénierie sociale portée sur les terrains politique et géopolitique.

B. Le retour à une conception politique de la vie en société : les conditions de la souveraineté du « fait politique », c'est-à-dire de son affranchissement du « fait économique »

Les actuels organisateurs du pouvoir créent délibérément des problèmes institutionnels, politiques et sociaux, afin de leur apporter la solution qui servira au

84 Cf. http://www.france24.com/fr/20161115-syrie-ong-sherpa-lafarge-financement-terrorisme-justice-organisation-État-islamique ; ou encore http://www.huffpostmaghreb.com/walid-nassef/qui-finance-le-terrorisme_1_b_5557258.html ; et encore http://www.iris-france.org/66829-veut-on-vraiment-sattaquer-aux-finances-de-lÉtat-islamique/

85 Cf.Albert O. Hirschman, *Deux siècles de rhétorique réactionnaire*, édition Fayard, collection « L'espace du politique », 1991 p.96.

86 Cf. Vilfredo Pareto, *Cours d'économie politique*, édition G.H. Bousquet et Giovanni Busino, Genève, Droz, 1964, § 1054.

mieux leurs intérêts ; ils mettent en œuvre, via les problèmes économiques et monétaires, la méthode « *ordo ab chaos* ».

L'intérêt commun, la liberté et la « liberté des peuples à disposer d'eux-mêmes » sont les perdants de ce vaste jeu à visée géopolitique. Le retour à une conception sociétale et organisationnelle, c'est-à-dire à une conception strictement « politique », de la vie en commun passe nécessairement par la déconstruction de l'actuel ordre (qui est en réalité un désordre) économique et financier international. La vie politique doit non seulement s'affranchir de la vie économique mais doit surtout en reprendre le contrôle. Il s'agit en effet de remettre le « fait économique » à sa bonne place, c'est-à-dire sous la dépendance du « fait politique ». Par « fait politique », il faut entendre la gestion et l'organisation de la vie en commun - de la vie en société - laquelle prend en compte l'aspect économique et financier sans y être réduit.

Il s'agit donc d'opérer un changement radical de point de vue par rapport à l'actuelle conception institutionnelle du monde dans laquelle la vision économique et financière a supplanté toute autre considération, au profit exclusif de la minorité agissante composée des très grands détenteurs de capitaux.

Ce changement radical de point de vue s'accompagne nécessairement d'un changement institutionnel radical, lequel ne pourra être effectif et viable qu'à la condition de modifier en profondeur certains paradigmes juridiques. Un changement d'une telle ampleur nécessite de réinvestir les données métapolitiques et métajuridiques de l'économie et du droit. Cette dernière analyse permettra de mettre en évidence l'impérieuse nécessité de réintégrer le droit commercial dans le giron du droit commun. Rien ne justifie en effet que le droit commercial échappe aux principes généraux qui tendent à organiser la vie en commun. Il est ici question de réaliser une vaste entreprise de recodification générale du droit.

1. Au niveau institutionnel

Nous déterminerons les contours de la nouvelle organisation institutionnelle imposée par les nécessités du retour de la prééminence du « fait politique » sur le « fait économique ». Concrètement, cette nouvelle organisation institutionnelle doit redéfinir les conditions d'exercice du pouvoir exécutif, et supprimer la notion de représentation parlementaire telle qu'actuellement conçue.

Nous analyserons ensuite les modifications techniques qu'il sera nécessaire d'apporter à l'ordre juridique en place pour rendre effective et viable la nouvelle organisation institutionnelle. Cette analyse commence par un rappel des moyens juridiques historiquement utilisés par la ploutocratie pour prendre le contrôle du pouvoir politique. Elle se poursuit par l'énoncé de l'exercice diplomatique que les États nouvellement conçus devront nécessairement effectuer, afin d'engager une modification profonde des actuelles institutions internationales.

a. Un pouvoir exécutif légitimé par la mise en œuvre de la démocratie directe et par la prise en compte des intérêts populaires exprimés par des « corps intermédiaires » répondant à un mandat impératif ; disparition du concept de représentation parlementaire

D'une façon générale, le retour institutionnel du « fait politique » passe nécessairement par la redéfinition des missions et des conditions d'exercice du pouvoir exécutif, ainsi que par la disparition de la représentation parlementaire telle qu'actuellement conçue.

(1) Détermination du pouvoir exécutif : le peuple est le mandant du gouvernement

Selon le principe démocratique explicité par Rousseau, le « contrat » qui lie le corps social à son gouvernement n'est pas un contrat mais un acte de puissance publique, c'est-à-dire un acte par lequel se manifeste la puissance du peuple, qui sera appelé « loi » par facilité, étant précisé que cette « loi » ne correspond pas au sens aujourd'hui techniquement donné à ce terme. Jean-Jacques Rousseau précise clairement dans son œuvre *Du contrat social* que le gouvernement n'est en aucune façon lié au corps social par un « contrat » entendu au sens du droit privé : « Plusieurs ont prétendu que l'acte de cet établissement était un contrat entre le peuple et les chefs qu'il se donne ; contrat par lequel on stipulait entre les deux parties les conditions sous lesquelles l'une s'obligeait à commander, l'autre à obéir. On conviendra, je m'assure, que voilà une étrange manière de contracter !... Sous quelle manière faut-il donc concevoir l'acte par lequel le gouvernement est institué ?... Cet acte est… composé de deux autres, à savoir l'établissement de la loi et l'exécution de la loi. »[87]

Et Rousseau de préciser que « … l'acte qui institue le gouvernement n'est point un contrat mais une loi, que les dépositaires de la puissance exécutive ne sont point les maîtres du peuple mais ses officiers, qu'il peut les établir et les destituer quand il lui plaît, qu'il n'est point question pour eux de contracter mais d'obéir et qu'en se chargeant des fonctions que l'État leur impose ils ne font que remplir leur devoir de citoyens, sans avoir en aucune sorte le droit de disputer sur les conditions. Quand donc il arrive que le peuple institue un gouvernement héréditaire, soit monarchique dans une famille, soit aristocratique dans un ordre de citoyens, ce n'est point un engagement qu'il prend ; c'est une forme provisionnelle qu'il donne à l'administration, jusqu'à ce qu'il lui plaise d'en ordonner autrement. Il est vrai que ces changements sont toujours dangereux et qu'il ne faut jamais toucher au gouvernement établi que lorsqu'il devient incompatible avec le bien public ; mais cette circonspection est une maxime de politique et non une règle de droit, et l'État n'est pas plus tenu de laisser l'autorité civile à ses chefs que l'autorité militaire à ses généraux. »

Cette réalité rousseauiste selon laquelle le pouvoir exécutif est le mandataire du peuple, est aisément falsifiée par la représentation parlementaire qui édicte que l'élection d'élus suffit à instituer la démocratie, c'est-à-dire le pouvoir du peuple (voir nos développements sur la souveraineté en partie I du présent ouvrage). C'est précisément cette réalité qui a fait dire à Pareto que « lorsque le recrutement de l'élite s'opère par la voie d'élections démocratiques et non plus par transmission héréditaire ou cooptation, la spoliation risque fort de s'intensifier… On ne saurait attendre du suffrage universel ou d'élections démocratiques aucun changement véritable de l'ordre social ou politique. »[88]. Le problème est que Pareto, comme Hirschman qui le cite, fondent leur allégation sur un malentendu juridique et politique : ce qu'ils appellent « démocratie » ne remplit en réalité aucune des caractéristiques juridique et politique d'un régime démocratique. Il s'agit en réalité d'une ploutocratie revêtue du linge de la représentation parlementaire dans le contexte où la vie politique est monopolisée par des « partis » ; cette confusion sur le principe démocratique a pour conséquence de fausser leur raisonnement.

Sur le fond de la question, on ne saurait être plus clair que Rousseau lui-même : il faut penser à changer de gouvernement, de façon exceptionnelle, lorsque celui-ci est devenu incompatible avec le bien public ! La situation actuelle où les lois

87 Cf. Rousseau, *Du contrat social*, GF Flammarion, 1992, page 127.

88 Cf. Pareto cité par Albert O. Hirschman, *Deux siècles de rhétorique réactionnaire*, édition Fayard, collection « L'espace du politique », 1991, p.97.

sont faites par et pour les multinationales, est parfaitement incompatible avec la sauvegarde du bien public en ce qu'elle engendre une débauche de production industrielle et de services mue par le seul appât du gain des fabricants, sans égard pour la santé publique et pour l'environnement. La pérennité même de l'espèce humaine est aujourd'hui mise en danger par la pratique couramment faite par les industriels de « l'obsolescence programmée », par l'usage généralisé sur la planète de multiples pesticides et autres engrais. Elle est aussi mise en danger par l'utilisation extrême, dans l'élevage, de nombreux médicaments et produits frelatés ou inadaptés (des protéines animales introduites dans l'alimentation des ruminants par exemple) autant que par l'imposition irresponsable, dans les cultures, de certaines graines (de moins en moins nombreuses), exclusives et brevetées. Toutes ces pratiques ont pour résultat immédiat de polluer les eaux, de stériliser les sols, de modifier le génome animal, végétal et humain, de façon aussi irrémédiable qu'incontrôlée… ces résultats s'accompagnent de multiples effets secondaires ou collatéraux, potentiellement incalculables, non maîtrisés.

Nous sommes donc arrivés aujourd'hui à la nécessité parfaitement décrite par Rousseau lui-même de changer de type de gouvernement. Il s'agit, concrètement, de donner à la population la souveraineté qu'elle n'a jamais eue réellement - ni en fait et ni en droit, ce qui nécessite d'élaborer collectivement une nouvelle forme de pouvoir exécutif. Ce dernier doit être conçu de telle sorte qu'il échappe définitivement à l'emprise des puissances d'argent pour se dévouer entièrement à la mise en œuvre du bien commun.

À cet égard, l'existence d'élections rapprochées est un empêchement dirimant à bien gouverner. D'une part, le phénomène des élections répétitives engendre des coûts financiers inutiles. Ceux-ci, portés par la collectivité, finissent par appauvrir cette dernière ; ils facilitent en outre la subversion des hommes politiques par le biais de financements occultes des campagnes. D'autre part, la contrainte politique d'élections rapprochées rend impossible, par construction, la prise, par le pouvoir exécutif ainsi contraint, de mesures applicables sur le long terme ; alors même que ces mesures sont de l'essence même des besoins organisationnels de la société, que le pouvoir exécutif (gouvernement) est chargé de mettre en œuvre.

Ainsi se dessinent les contours de ce que doit être un gouvernement au sens strictement politique du terme. Le gouvernement exécutif devra répondre aux stricts critères organisationnels suivants : d'une part, il devra être établi de façon pérenne (une longue durée est nécessaire pour gouverner) et d'autre part, il devra respecter, dans sa méthode de gouvernement, la volonté populaire.

Cette dernière condition ne pourra être mise en œuvre que si le gouvernement a effectivement connaissance des besoins et revendications des différentes composantes de la société.

Ainsi, des « corps intermédiaires » représentant toutes les catégories sociales et professionnelles devront être intégrées au processus de désignation du gouvernement. Le pouvoir exécutif, qui doit être au service des intérêts de la population qu'il gère, doit être institué sur une longue durée par le biais des corps intermédiaires, qui auront la charge de proposer différents gouvernements. Les différents gouvernements proposés par ces corps intermédiaires devront ensuite faire l'objet d'une validation populaire, par le biais d'élections au suffrage universel direct selon le principe de la majorité relative ; avec toutefois l'exigence de l'obtention d'un nombre minimum de voix en termes d'électeurs inscrits.

Par la suite et dans le cadre du fonctionnement du gouvernement ainsi élu, les corps intermédiaires seront chargés - il est ici question de mandats impératifs - de transmettre fidèlement au gouvernement les doléances de leurs mandants. Le pouvoir exécutif ainsi décrit aura, par construction, le devoir d'arbitrer entre des injonctions, éventuellement contradictoires, émanant des différentes composantes de la société. Il devra, pour ce faire, toujours s'efforcer de respecter un équilibre dans les revendications des uns et des autres.

Il devra ainsi être établi, à titre de garantie, une possibilité institutionnelle pour le peuple de démettre le gouvernement, si celui-ci était convaincu de prendre durablement parti pour l'une des composantes de la société par rapport aux autres. Cette procédure pourrait suivre la méthodologie suivante : un rapport du ou des corps intermédiaires lésés, suivi d'un vote au suffrage universel direct à la majorité relative selon le même principe du respect d'un nombre minimal obligatoire d'électeurs inscrits.

Il devra également être établi une présomption irréfragable d'illégitimité du gouvernement si celui-ci se mettait à édicter des règles contraires à la pérennité de l'espèce humaine (étant entendu que ce concept est évolutif en fonction de l'état d'avancée des connaissances scientifiques), ainsi qu'aux principes historiques de fonctionnement des sociétés humaines viables (évolutives également en fonction des expériences d'organisation sociale à venir), règles que nous avons regroupées sous le vocable du « droit naturel ». Le respect droit naturel s'impose au gouvernement à peine de nullité des actes pris en contravention de ces règles et de perte de légitimité de celui-ci ; un tel gouvernement serait obligatoirement et automatiquement démis de ses fonctions.

Dans l'hypothèse extrême de démission du gouvernement par le peuple, un nouveau gouvernement devra être institué selon la même méthode que celle suivie pour sa nomination initiale. Dans un premier temps, les corps intermédiaires seraient chargés de proposer deux ou trois gouvernements composés de personnalités particulières en nombre limité. Dans un second temps, l'ensemble des habitants en âge de voter devra choisir, à la majorité relative, parmi l'un des gouvernements proposés par les corps intermédiaires, celui qui aura la « charge » de gouverner.

(2) L'organisation de relais sociaux, « corps intermédiaires », sous mandat impératif en remplacement du parlementarisme

Il s'agit de réorganiser les différentes composantes de la société de façon à produire l'image la plus complète et fidèle possible du corps social. Il est ici question d'organiser une intermédiation institutionnelle entre la société, composée de l'ensemble des individus adultes et juridiquement responsables, et le gouvernement (pouvoir exécutif) mandataire de la population.

Cette « représentation » du corps social, pourra alors être proactive, c'est-à-dire interagir de façon régulière avec le pouvoir exécutif (gouvernement). Plus précisément, chaque corps intermédiaire dont l'ensemble représente le corps social dans sa globalité, aura un espace d'expression institutionnel permettant de faire connaître au gouvernement de façon régulière (mensuellement ou annuellement) ses besoins et/ou les doléances de ses membres. Ces « corps intermédiaires » fonctionneront sur le modèle du mandat impératif : les membres de chacun de ces corps étant les mandants de la ou des personnes chargées de les représenter.

Ces corps intermédiaires devront être les plus diversifiés possibles de façon à n'oublier aucune catégorie sociale ou professionnelle. Les métiers, ceux relevant des catégories économiques primaire (extraction), secondaire (fabricants) ou tertiaire (services), devront tous être ainsi organisés et représentés.

De la même façon, toutes les catégories sociales devront être globalement organisées et représentées : il s'agit ici de représenter les personnes qui n'exercent aucun métier rémunéré de la même façon que les différentes professions. Tous les besoins des individus qui travaillent sans rémunération, qui s'occupent de leur famille ou de tiers, ceux qui travaillent gratuitement pour le bien public et ceux qui n'ont pas de domicile fixe doivent pouvoir être portés à l'attention du gouvernement (pouvoir politique).

Les différents mouvements spirituels et religieux pourront également, de façon officielle, disposer d'une organisation qui portera leur voix auprès du gouvernement.

Le fait que la plupart des individus appartiennent, par hypothèse, à la fois à une catégorie sociale, professionnelle et religieuse, voire même à plusieurs de ces catégories ne pose pas de réel problème dans la mesure où ces différentes catégories sont organisées en représentation - selon le principe, rappelons-le, du mandat impératif. Le seul problème qui pourrait surgir serait celui d'une personne mandatée au titre de deux ou trois catégories différentes. La question sera résolue de façon simple par le fait que l'individu en question devra choisir, entre ses différentes possibilités, la fonction qu'il privilégie et pour laquelle il deviendra mandataire.

b. Les conditions de la déconstruction de l'actuel ordre économico-politique, à vocation mondiale

Les deux piliers historiques du contrôle du « fait politique » par les principaux détenteurs de capitaux sont, le contrôle des monnaies et, l'anonymisation des détenteurs de capitaux conjuguée avec la dérèglementation des flux de capitaux. Ces éléments sont les moyens juridiques historiquement utilisés par les détenteurs de la puissance économique pour asservir le pouvoir politique et asseoir juridiquement leur domination sur l'ensemble du corps social.

Le retour du « fait politique » passe nécessairement par la suppression des armes des adversaires. En conséquence, il est impératif de retirer aux banquiers le pouvoir de contrôler la monnaie dans le même temps qu'il faut remettre la circulation des capitaux sous le contrôle vigilant du gouvernement. Il s'agit ici d'un devoir « civique » imposé par l'instinct de survie social : ce devoir s'impose au niveau national autant qu'au niveau international.

(1) Les deux conditions indispensables au contrôle du « fait économique » par le « fait politique »

Un rappel des techniques juridiques chronologiquement utilisées par les principaux détenteurs de capitaux permettra de préciser que la disparition du concept de banque centrale et le retour du contrôle des capitaux par les États sont les deux conditions indispensables au retour de la prééminence du « fait politique » sur le « fait économique ».

(a) Rappel des techniques utilisées par les principaux propriétaires de capitaux (en premier lieu des banques) pour prendre le contrôle historique du « fait politique »

L'accaparement des richesses par le biais du contrôle des masses monétaires et la déréglementation des flux de capitaux ont permis la négation du « fait politique », c'est-à-dire la négation du rôle des États dans l'organisation économique.

(i) L'accaparement des richesses par le biais du contrôle monétaire

La prise de contrôle du « fait politique » par le « fait économique » a commencé par l'accaparement inconsidéré des richesses par les banquiers, lesquels ont ensuite organisé leur suprématie institutionnelle sur les monnaies par le biais de la création de « banques centrales ». Le contrôle des masses monétaires en circulation est le point de départ du contrôle, par ces détenteurs des richesses, du « fait économique » et du « fait politique », le premier étant ensuite utilisé pour anéantir le second.

Les banques centrales sont historiquement une émanation des banques privées. Schématiquement, les choses se sont passées de la façon suivante : les banquiers se sont, à la faveur du développement des échanges commerciaux, considérablement enrichis grâce au fait qu'ils se sont octroyés le droit de prêter davantage d'argent qu'ils n'en avaient réellement ; pratique que nous retrouvons aujourd'hui sous le nom de « réserve fractionnaire »[89] qui est le mode de fonctionnement traditionnel – considéré comme normal - des banques. Ce fonctionnement autour du principe

89 Cf. https://fr.wikipedia.org/wiki/Syst%C3%A8me_de_r%C3%A9serves_fractionnaires

de « réserve fractionnaire » est en lui-même générateur d'une inflation constante du prix des actifs ; couplé à la pratique des taux d'intérêt, le fonctionnement bancaire est structurellement générateur d'inflation mais aussi et surtout, de concentration des capitaux au profit des propriétaires des banques.

L'habitude prise par les banquiers de prêter plus d'argent qu'ils n'en avaient réellement leur a permis de s'enrichir de façon inconsidérée, les rendant dès lors capables d'accaparer les métaux précieux, en particulier l'or et l'argent ; lesquels métaux ont, par les hasards de l'histoire, été promus au rang de « substance de la monnaie ».

Au fur et à mesure du temps, ces banquiers ont compris qu'ils pourraient maîtriser le processus politique. Il en est résulté une volonté de prise du pouvoir politique, dont le premier acte fut la Révolution française et le renversement des institutions monarchiques de l'Ancien Régime.

Techniquement, cette volonté de contrôle politique s'est opérée par le biais du levier puissant qu'est la centralisation des questions monétaires. Centraliser les questions monétaires signifie, en premier lieu, gérer et contrôler la masse monétaire en circulation sur un territoire déterminé. Cette centralisation a pu être faite au moyen de la création d'une institution bancaire nouvelle, fallacieusement présentée comme publique et nationale mais réellement contrôlée par des capitaux privés : la Banque centrale. Cette institution a eu pour fonction politique première, à côté de sa fonction technique de contrôle des monnaies, de soustraire la question monétaire des prérogatives du gouvernement. C'est ainsi que la monnaie est aujourd'hui, et depuis la création des banques centrales, devenue l'apanage exclusif des banquiers. Les banques centrales sont, par construction, des institutions qui échappent au pouvoir politique.

Plus tard, cette indépendance a été fallacieusement justifiée par la prétendue incapacité des hommes politiques à comprendre et gérer les questions monétaires, leur incurie engendrant prétendument inflation, instabilité monétaire et crises économiques. Et chacun de ressasser à l'envi l'exemple de l'hyper inflation de la République de Weimar… Outre qu'il faudrait vraiment y regarder de plus près afin de s'assurer que ce ne sont pas des banquiers eux-mêmes qui auraient susurré les décisions monétaires et économiques aux hommes en charge de la politique de Weimar. Il faut surtout garder à l'esprit que confier, sans aucun contrôle démocratique, la politique monétaire à des banquiers ne garantit absolument pas qu'il ne sera pas fait usage de la planche à billets ; la pratique récente dite du QE[90] (Quantitative Easing) est là pour en attester.

La réalité cachée derrière les crises monétaires et économiques est très différente de ce qui est généralement proclamé par toutes les autorités politiques, économiques et médiatiques. En effet, tous ces problèmes se sont historiquement produits alors que les banquiers étaient déjà depuis longtemps les seuls titulaires du pouvoir monétaire. L'inflation est une résultante mécanique du fonctionnement monétaire actuel autour du principe de la réserve fractionnaire. Les banques privées fonctionnent en effet - sous le contrôle bienveillant des banques centrales qui sont leur émanation - sur le principe de la création monétaire, le système dit de réserve fractionnaire leur permettant ad vitam aeternam, d'encaisser des intérêts sur de l'argent-dette-actif/passif créé ex nihilo, et temporairement mis à disposition des particuliers et des organismes emprunteurs (entreprises, collectivités locales, États...).

Le système de réserve fractionnaire associé à la perception d'intérêts est une stricte invention des banquiers eux-mêmes, pas d'un quelconque pouvoir politique. Or justement, l'inflation permanente bien que non homogène sous laquelle nous vivons est due essentiellement, de façon rampante, à cette double pratique du principe de réserve fractionnaire (qui génère un flux artificiel d'achats financé par le crédit, lesquels à leur tour génèrent une augmentation des prix des actifs en raison de l'augmentation artificielle de la demande), associé à la perception de taux d'intérêts qui permet aux banquiers de s'enrichir en créant, sous la condition de conserver en réserve quelque chose comme moins de 5% de l'argent en circulation, autant d'afflux d'argent qu'ils le veulent.

Et de façon symétrique, les crises économiques sont organisées sciemment par la restriction organisée de la masse monétaire en circulation après qu'une profusion insensée de cette masse monétaire ait été organisée au moyen, soit d'un développement du crédit disponible (augmentation des prêts permis par le principe de réserve fractionnaire en raison de l'édiction de bas taux d'intérêts par la Banque centrale) soit par le recours direct à la « planche à billets », lequel a aujourd'hui pris le doux nom de « Quantitative Easing » (QE). La politique monétaire dite de « Quantitative Easing » n'est en effet rien d'autre que l'utilisation déguisée - sous la forme de rachats par les banques centrales d'actifs de plus en plus dépréciés, voire irrécouvrables - de la planche à billets. Mais à la différence de l'ancienne pratique de la « planche

90 Cf. http://www.lesechos.fr/finance-marches/vernimmen/definition_quantitative-easing.html

à billets », qui consistait à créer de l'argent mis à la disposition de tout un chacun, le « Quantitative Easing » ne « bénéficie » essentiellement qu'aux établissements financiers qui profitent de cette manne nouvelle pour spéculer et s'enrichir, sans que ni le commun des mortels ni les États ne perçoivent quoi que ce soit de cet argent.

Peu à peu, l'institution dite de la Banque centrale s'est améliorée et complexifiée au point de prendre une ampleur internationale. Le système des banques centrales, organisé et coordonné, contrôle aujourd'hui toutes les masses monétaires en circulation sur tous les continents. Les banques centrales contrôlent ainsi, par le jeu de l'augmentation ou de la diminution de la masse monétaire disponible pour les opérateurs économiques, le fonctionnement des économies de tous les pays du monde.

Outre que les banques centrales maîtrisent le niveau des taux d'intérêts par l'édiction des taux directeurs - dont les autres taux découlent - et le recours à la planche à billets nouvellement appelée « Quantitative Easing », elles maîtrisent également le niveau du taux de couverture exigé des banques en retour de leur autorisation à mettre de la monnaie en circulation, autrement dit, le niveau de la réserve fractionnaire. Aujourd'hui, le montant de la réserve fractionnaire est sous le contrôle, au premier degré, de la banque centrale de l'État et, au second degré, de la BRI[91], qui coordonne les soixante banques centrales affiliées et abrite les fameuses rencontres de Bâle, organisées par le conseil dit de stabilité financière[92]. La réserve fractionnaire est aujourd'hui à des niveaux tellement bas que l'on peut considérer que les banques ont carte blanche pour mettre librement en circulation autant d'argent qu'elles le veulent, et engranger des intérêts réellement ponctionnés sur l'argent des particuliers et des entreprises à partir de cet argent créé ex nihilo. N'oublions pas non plus que ce système de réserve fractionnaire a même pu être déployé au profit des multinationales industrielles, autorisées à créer des établissements bancaires[93].

On le voit, la création monétaire va bon train sous la coupe des banques… La prétendue propension du pouvoir politique à abuser de la création monétaire est en réalité un mythe, destiné à faire accepter au public la captation des questions monétaires par des banquiers dépourvus de tout contrôle démocratique.

91 Cf. https://fr.wikipedia.org/wiki/Banque_des_r%C3%A8glements_internationaux

92 Cf. https://fr.wikipedia.org/wiki/B%C3%A2le_III

93 Ces escroqueries intellectuelles sont détaillées dans la série d'articles de Valérie Bugault intitulée « Décryptage du système économique global » paru sur le site du Saker francophone : http://lesakerfrancophone.fr/category/auteurs/valerie-bugault

Cette prise du pouvoir monétaire s'est, de façon « naturelle », accompagnée d'une prise de pouvoir sur le « fait économique » consistant, pour les principaux capitalistes accapareurs, à s'arroger le contrôle juridique de l'entreprise, principal vecteur économique. Il s'agit ici, bien sûr, du modèle d'entreprise capitalistique hiérarchique et anonyme, et non des variantes que sont les coopératives et autres concepts – plus ou moins sérieusement – mutualistes, qui ont vu le jour par opposition au modèle capitalistique. Cette prise de contrôle capitalistique a été suivie par l'élaboration de normes internationales permettant aux capitaux de circuler librement ; librement en raison de l'absence de tout contrôle et de toute contrainte politique mais sous le contrôle vigilant des banques centrales, c'est-à-dire des principaux propriétaires de capitaux, qui contrôlent les masses monétaires en circulation. Le tout fonctionnant sur le principe acquis de l'anonymat des capitaux.

(ii) La dérèglementation des flux de capitaux

Plus de quarante ans après qu'elle ait vu le jour, la déréglementation financière est loin d'avoir épuisé ses effets. Elle a déjà conduit à une intégration financière internationale dont les aspects visibles sont terriblement angoissants pour les générations futures.

(a) Les produits financiers font penser à la production d'images virtuelles

Le développement le plus significatif est celui des produits dérivés qui ont pris le pas sur les opérations traditionnelles. Par exemple, les produits échangés sur les marchés dérivés de devises ont une valeur étroitement corrélée à ceux que l'on négocie sur d'autres marchés : c'est pourquoi on parle de marchés et de produits dérivés. Les prix des contrats reflètent les anticipations des investisseurs et des spéculateurs sur les niveaux des taux d'intérêt et de change, qui eux-mêmes dérivent des choix politiques des États, des crises et des conflits en cours, des rapports de force prévus aux environs de la date de livraison du contrat.

Les produits « dérivés » sont un peu l'équivalent des techniques de synthèse. Leur valeur dépend (dérive) de celle d'un actif sous-jacent. Il s'agit de contrats standards échangés sur des marchés organisés ou sur des marchés de gré à gré. Avec des ordinateurs et des modèles mathématiques, on peut créer à partir des produits dérivés, des produits images qui ont une qualité de protection et de rendement souvent supérieure à celle des actifs sous-jacents.

La gestion financière se préoccupe avant tout d'échapper au contrôle des États et de comparer les rendements des placements où que ce soit dans le monde. Une gigantesque gestion des fortunes mondiales est à l'œuvre pour arbitrer entre les types d'actifs à détenir, et en quelles monnaies, en réel et en dérivés.

Tout calcul d'investissement compare le taux de profit d'une activité quelconque aux taux de retour sur activités spéculatives combinant les intérêts, les chassés-croisés sur les devises et les supports d'investissement, en réel et en dérivés, obtenus dans les placements financiers transnationaux. Le profit des activités en économie productive, résidu restant après versement des salaires, des charges, taxes et intérêts, est toujours durablement inférieur aux taux des rendements obtenus par les « activités de marché ».

Ce phénomène étouffe l'ardeur à créer et à investir, pousse à délocaliser la production pour réduire les salaires, voire conduit à liquider tout ce qui ne dépend pas de conditions naturelles prégnantes au profit d'une simple importation. La dette publique et le chômage en Europe en sont une conséquence durable… Les États consentants à la libre circulation des capitaux sont les complices de cette destruction massive des emplois, avec pour conséquence une paupérisation de masse, ce qui fait supposer aux populations que leurs politiciens souhaitent casser le fonctionnement de l'économie.

(b) Depuis le début des années 1980, l'économie internationale de spéculation domine

La spéculation, c'est-à-dire l'ensemble des opérations désirées pour elles-mêmes et fondées sur l'anticipation des variations des prix des actifs pour réaliser un profit sur la base d'une prise de risque calculée par de savants algorithmes, est un centre autonome de profit appelé « activités de marché » en novlangue.

Une institution nouvelle a acquis beaucoup d'importance : les « fonds de couverture » (Hedge Funds), fonds spéculatifs dont le principe est de travailler avec l'argent d'autrui et sur commission, sans oublier de procéder auprès des clients aux « appels de marge », nécessaires en cas d'évolution négative des cours.

Il s'agit d'une collectivisation de l'épargne, remplaçant la collectivisation des moyens de production... Les groupes industriels eux-mêmes sont entraînés par les banques dans des opérations génératrices de pertes car ces dernières pratiquent l'arbitrage-spéculation à découvert et cherchent des partenaires de jeux.

(c) Le marché international des capitaux finance aussi les déficits publics

Les États recourent massivement aux marchés internationaux de capitaux, en sorte que des non-résidents détiennent une part croissante de la dette publique de chaque pays industrialisé (65 % de la dette française est détenue par l'Étranger). Les résidents sont désormais subordonnés aux desiderata des gestionnaires de la finance internationale.

Le marché financier international permet aux politiciens de transférer aux futurs contribuables (nos descendants) les charges de remboursement de l'actuel endettement massif. Mais, en même temps, l'instabilité économique s'accroît, car les « investisseurs » étrangers se couvrent en cas de crise. La fuite des capitaux menace donc en permanence tous ceux qui prétendraient « sortir du rang ».

Le rouleau compresseur de la finance internationale interdit aux États le choix des niveaux de rémunération des salaires, d'investissement dans le secteur public, de protection sociale, de style de vie propre, et encore plus violemment pour ceux qui, comme la France, ont renoncé à toute souveraineté monétaire. Cette perte est catastrophique : l'État ne peut plus utiliser les taux d'intérêt et de change comme moyens de régulation de l'activité économique du pays. Il ne peut plus faire financer sa dette, soit directement, soit indirectement, en la faisant racheter à ceux qui la détiennent par la banque centrale. Il ne peut plus non plus faire jouer à la banque centrale son rôle dit de « prêteur en dernier ressort » en cas de crise de liquidité du système bancaire.

La tyrannie des marchés pose problème car les circuits financiers transnationaux, ancrés sur les paradis fiscaux, sont opaques ; on y observe au surplus quotidiennement des emballements, des engouements, des désaffections et autres accidents de bulles, de sorte qu'il est criminel de prétendre que la « loi des affaires » doit prendre le pas sur le principe démocratique. Le temps des capitaines d'industrie est passé. Ces transformations des marchés et des relations entre conglomérats financiers dominant les États sont la continuation du mercantilisme.

Elles contribuent à accroître la corruption dans des proportions que l'on ne connaissait plus depuis au moins deux siècles. La loi des affaires a un synonyme : la gangstérisation du monde.

(b) 1ère condition : disparition du concept de « banque centrale »

La première condition, nécessaire bien que non suffisante, pour un retour de la prééminence du « fait politique » sur le « fait économique » est la disparition du concept de banque centrale. Dans une organisation politique qui fonctionne, la monnaie est l'apanage exclusif du gouvernement de l'État qui n'a aucun besoin de banque centrale. Le contrôle du « fait politique » par le « fait économique » n'a été rendu possible que par le contrôle, par les banquiers, de la masse monétaire en circulation. Ce contrôle de la masse monétaire a ensuite permis une concentration des capitaux de nature quasi institutionnelle. Ce qui a, en conséquence, rendu possible la corruption à très grande échelle des hommes politiques. Le tout engendrant une corruption du phénomène politique lui-même. Rappelons à cet égard la maxime du premier grand banquier accapareur que fut Mayer Amschel Bauer, premier Rothschild du nom : « Donnez-moi le contrôle sur la monnaie d'une nation, et je n'aurai pas à me soucier de ceux qui font ses lois ». La corruption du « fait politique » par le « fait économique » passe ainsi de façon primordiale par la voie monétaire. Logiquement, pour que le « fait politique » reprenne sa juste place, le pouvoir politique doit récupérer à son profit le fonctionnement bancaire en contrôlant lui-même la masse monétaire en circulation : ni trop, ni trop peu, le tout estimé à l'aune des réels besoins du développement économique et non à l'aune de l'avidité, de la cupidité et de la soif de pouvoir des principaux capitalistes, propriétaires de banques.

Le rétablissement du contrôle des monnaies par le pouvoir politique passe par deux voies : la première consiste à supprimer le concept de banque centrale, la seconde à comprendre ce qu'est, politiquement, une monnaie, ce qui sera l'objet de la troisième partie du présent ouvrage.

Par ailleurs, les banquiers-financiers sont derrière tous les projets internationaux économiques ou monétaires actuels : droits de tirage spéciaux (DTS), grands marchés patronnés par le libre-échange capitalistique, sans oublier la nouvelle mode des Blockchains sous le haut parrainage de Blythe Masters, elle-même à l'initiative des armes de destruction massive que sont les Credit Default Swap[94]. Tant que les DTS seront un panier de monnaies sous le contrôle des principaux détenteurs de capitaux, ils vogueront dans la mer absurde du futur gouvernement mondial, avec tous les risques qu'ils deviennent une monnaie de spéculation à usage individuel et collectif mondial.

Dans l'objectif de donner au « pouvoir politique » les armes conceptuelles et juridiques nécessaires à une reprise en main de la monnaie, nous proposerons en troisième partie de cet ouvrage une théorie juridique de la monnaie.

(c) 2e condition : remettre les capitaux sous la règlementation juridique des États

Le deuxième pilier de la réinitialisation du processus politique consiste à remettre les capitaux sous le contrôle et la réglementation juridique des États, ceux-ci étant compris comme les garants de l'organisation sociale.

Déconstruire la liberté de circulation des capitaux passe par différentes étapes, essentielles :

1) supprimer juridiquement l'anonymat des capitaux ;

2) supprimer la liberté de circulation des capitaux ;

3) supprimer l'optimisation fiscale des entreprises et ;

4) supprimer le cancer social que sont les « paradis fiscaux », cette condition étant étroitement liée à la disparition de la possibilité juridique de rendre les capitaux anonymes.

À ces conditions, les États pourront à nouveau régner en maîtres chez eux et leurs ressortissants pourront organiser la vie collective de la manière qui leur convient. Le principe de « liberté des peuples à disposer d'eux-mêmes », qui n'est aujourd'hui qu'une maxime incantatoire, deviendrait dès lors un phénomène de droit positif.

94 Cf. http://le-blog-finance.com/decideurs/blythe-masters-ange-noir-finance/

(2) Une action internationale des gouvernements nationaux pour déconstruire les institutions internationales actuelles issues de gouvernements sous contrôle des puissances d'argent

Rendre au pouvoir véritablement politique, c'est-à-dire au gouvernement tel que nous l'avons défini dans cet ouvrage, le contrôle de la monnaie et de l'économie doit, et ne peut se faire en premier lieu qu'au niveau de l'État. Cette action aura pour conséquence de rendre au « fait politique » la prééminence qui lui revient de droit sur le « fait économique ». Nous assistons aujourd'hui au très malheureux spectacle inverse où les États se mettent à considérer les multinationales comme des États à part entière, nommant auprès d'elles des « ambassadeurs »[95]. Il n'y a pas à s'étonner d'un tel phénomène qui est dans la logique pure de l'actuelle soumission des hommes politiques qui gouvernent les États aux principaux détenteurs du pouvoir économique. Toutefois, une étape supplémentaire est franchie dans le long processus de disparition du concept d'État : la reconnaissance officielle émanant d'un État selon laquelle des multinationales sont leurs égales revient à acter la prise de pouvoir politique des principaux propriétaires de ces multinationales. Les peuples devraient prendre la pleine mesure de ce que cela suppose d'un point de vue conceptuel car se départir volontairement de la puissance politique est le premier pas vers l'acceptation du servage des masses, de leur soumission totale aux principaux détenteurs de capitaux, qui ont acquis leur prééminence par ruse.

Toutefois, ce processus interne de reprise du contrôle du « fait économique » par le « fait politique », pour acquérir la pérennité nécessaire, doit avoir un prolongement international ; il doit être accompagné d'une action diplomatique de la part des différents gouvernements visant à remodeler les institutions internationales dans un sens qui soit véritablement politique. Il s'agira de déconstruire les institutions internationales actuelles, d'ordre essentiellement financier et économique, qui sont contrôlées par les principaux propriétaires de capitaux de la planète.

Ce phénomène de déconstruction-reconstruction de l'ordre international ne sera efficace qu'à partir du moment où chaque État aura pris, en interne, la juste

95 Le Danemark vient de nommer un « ambassadeur » auprès des multinationales de la Silicon Valley : http://www.latribune.fr/technos-medias/le-danemark-nomme-un-ambassadeur-aupres-des-gafa-637183.html ; également http://www.lefigaro.fr/vox/monde/2017/02/02/31002-20170202ARTFIG00113-les-gafa-eleves-au-rang-de-puissance-diplomatiqueou-la-tyrannie-des-geants-du-web.php

mesure des conditions juridiques à instaurer pour être un État à part entière, c'est-à-dire pour disposer de façon effective de sa souveraineté.

2. Au niveau juridique

La reprise en main du « fait économique » par le « fait politique » suppose le retour de la souveraineté politique. Nous avons vu que ce retour doit, en premier lieu, être acté par une réforme institutionnelle tendant à mettre en œuvre le principe de souveraineté populaire. Cette reprise en main passe, en second lieu par la reprise en main du phénomène monétaire par le gouvernement tel que nouvellement conçu. Le contrôle du fait monétaire par un pouvoir politique légitime passe par la disparition des banques centrales et la bonne compréhension du concept de monnaie – dont nous donnerons la recette dans la troisième et dernière partie de cet ouvrage.

La réinitialisation du processus politique ne sera viable que si elle est, en interne, accompagnée de réformes juridiques profondes. Les trois éléments juridiques fondamentaux nécessaires à la restauration effective du « fait politique » sont :

- la disparition de la possibilité de rendre les capitaux anonymes,
- la réforme radicale du concept d'entreprise dans le sens de son utilité sociale, et
- la disparition du concept, d'origine économique, de « propriété économique ».

Il faut encore ajouter une dernière réforme juridique : la suppression des normes comptables dites IFRS, qui s'imposent actuellement au niveau international (et de plus en plus au niveau national) aux entreprises. Les normes IFRS imposées au monde entier comme modèle comptable, sont illégitimes car générées par les plus grands détenteurs de capitaux à leur profit exclusif ; ces règles profitent en priorité aux multinationales[96]. La notion de « juste prix » véhiculée par ces normes induit, par exemple, de manière structurelle, une insécurité sur la valeur des actifs composant le bilan des entreprises,

96 Pour en savoir plus lire « Géopolitique de l'entreprise capitalistique [1/2] » : http://lesakerfrancophone.fr/decryptage-du-systeme-economique-global-67-geopolitique-entreprise-capitalistique-12

générant une perte de confiance et une insécurité endémique de nature à nuire à l'échange de biens et services[97].

a. La suppression de l'anonymisation des détenteurs de capitaux

Le premier niveau de l'anonymisation juridique des capitaux est assez peu contraignant, mais il permet une opacité superficielle de mauvais aloi : il s'agit de la personnalité morale des entreprises.

La personnalité morale agit comme un écran entre les biens détenus par les entreprises et les principaux propriétaires de cette dernière. Les détenteurs de capitaux n'apparaissent pas officiellement comme les propriétaires des biens détenus par les entreprises ; en première approche on ne sait pas quels sont les personnes physiques détentrices de l'entreprise considérée. Or, en raison de l'organisation hiérarchique de celles-ci au profit de ses principaux propriétaires, les biens sont en réalité, par l'intermédiation de la personnalité morale (fictive), la propriété de personnes physiques. Certes quelques recherches rendent possible la connaissance des propriétaires mais il s'agit alors des propriétaires apparents, et ceux-ci peuvent être eux-mêmes une autre personne morale, et ainsi de suite.

Le second niveau de l'opacité juridique est celui de l'amoncellement de personnalités morales, créant ainsi des « groupes d'entreprises ». Cet amoncellement, aujourd'hui structurellement admis par tous les États, est un très fort contributeur à l'opacification des détenteurs personnes physiques desdits capitaux.

Cette opacité est très fortement aggravée par le troisième niveau, qui est celui de l'acceptation par les États, de structures juridiques elles-mêmes opaques, telles que les trusts anonymes. Il n'est ici plus du tout possible d'accéder aux propriétaires personnes physiques qui se cachent derrière de telles structures juridiques. Il est inutile de préciser que ces structures opaques sont très présentes dans l'organigramme des groupes de société. De la même façon, ces structures sont très présentes dans les paradis fiscaux dont la vocation première est précisément de les y accueillir.

97 À cet égard, lire par exemple : *Précis de fiscalité des entreprises 2011/2012*, 35e édition, éditions LexisNexis, Maurice Cozian et Florence Deboissy, n°102 « Normes IFRS : quel impact sur le droit national ? » page 48 et 49 ainsi que n°104 « De la propriété juridique à la propriété économique » pages 49 et 50.

La suppression juridique de l'anonymat des détenteurs des capitaux par le biais de structures juridiques opaques aura pour conséquence « naturelle » la disparition du concept de paradis fiscal, qui deviendra inutile et inefficace, les conventions d'échange de renseignements jouant alors pleinement leur rôle. Dans le contexte actuel de l'existence juridique de structures anonymes, les conventions d'échange de renseignement sont tout à fait, de façon structurelle et quoiqu'en dise l'OCDE, inefficaces.

Les paradis fiscaux existent parce que l'anonymat des détenteurs de capitaux est mondialement acté comme étant un fait inéluctable. La suppression de cet anonymat permettra à des hommes politiques motivés d'exiger une taxation effective des détenteurs de capitaux hébergés par ces places financières offshore ; les capitaux évadés seront ainsi amenés à court et moyen termes à réintégrer des territoires politiquement gouvernés. Cette réintégration sera plus efficace si les gouvernements n'abusent pas de leur position de force pour imposer des taxations abusives, et se contentent de bases d'imposition larges et de taux faibles.

Arrêtons-nous un instant sur l'impôt. Le système politique rénové que nous proposons dans le présent ouvrage passe en premier lieu par le contrôle étatique de la monnaie. Dans ce contexte, le concept même d'impôt ne s'impose plus de façon naturelle. On peut néanmoins concevoir une participation des ressortissants d'un État à son fonctionnement mais dans ce cas, il s'agira d'un impôt n'ayant strictement rien à voir en termes quantitatif et qualitatif, avec l'impôt qui existe actuellement dans nos sociétés. Les impôts, si impôts il y a (ce qui reste à déterminer par voie démocratique), doivent servir d'une part, au fonctionnement des structures collectives étatiques et d'autre part, à garantir, via un système d'assurance sociale, le minimum vital aux ressortissants de l'État, rendant ces derniers aptes à s'intégrer à la vie collective. Nous ne rentrerons pas ici dans le détail de la forme que devra prendre cette « assurance sociale », qui restera à définir et encadrer de façon démocratique, c'est-à-dire en accord avec les desiderata de la population du pays. Quoiqu'il en soit, les impôts ne doivent pas servir à faire de « l'ingénierie sociale » en avantageant telle ou telle branche ou type d'activité plutôt que telle autre. Ce type d'intrusion de la puissance publique dans la vie économique des pays est tout à fait exagérée. Elle présente en outre, en termes d'organisation sociale, les inconvénients majeurs d'engendrer des effets secondaires aussi toxiques qu'incontrôlables, et de générer une inflation législative.

b. La réforme de l'entreprise

L'entreprise doit être juridiquement reformulée dans le sens de son utilité sociale ; elle cessera ainsi d'être utilisée par les principaux propriétaires de capitaux comme une arme de destruction des États. Fondamentalement, le concept d'entreprise est une forme d'organisation sociale qui doit être, et rester, sous le contrôle du « fait politique ».

(1) La suppression du contrôle des entreprises par les principaux détenteurs de capitaux

La conséquence principale de l'actuelle organisation de l'entreprise de type capitalistique est de rendre l'actionnaire majoritaire titulaire du droit de vie et mort sur l'entreprise ; cette prérogative est dénuée de contre-pouvoir réel. Aussi, une entreprise dotée d'une réelle utilité sociale pourra, de façon arbitraire et quelle que soit sa taille, être vendue à des capitaux étrangers, ou même être liquidée, en fonction des seuls intérêts de ses principaux propriétaires.

L'actionnaire majoritaire est la clef de voute de l'édifice économique actuellement en vigueur au niveau international. Si cette caractéristique ne préjuge pas de la qualité intrinsèque du ou des actionnaires majoritaires concernés dans chaque entreprise, elle pose néanmoins un problème conceptuel en termes d'organisation sociale.

En effet, d'un point de vue politique, rien ne justifie qu'un actionnaire majoritaire soit le garant de l'intérêt social, alors même qu'une société ne fonctionne que par l'existence et la qualité des gens qui y travaillent de façon effective et qu'elle bénéficie, pour son fonctionnement, des infrastructures publiques qui appartiennent à tous les ressortissants de l'État. Il y a dans le fonctionnement juridique de l'entreprise, du point de vue conceptuel, un hiatus entre l'organisation juridique actée, qui en fait un instrument dans les mains de ses propriétaires majoritaires, et la réalité d'ordre social qu'elle représente.

(2) La réorganisation juridique du concept d'entreprise en fonction de son utilité sociale

D'une façon générale, l'entreprise a une fonction sociale essentielle : celle de permettre le développement d'activités multiples et variées, de multiplier les échanges pour un bénéfice commun, de permettre l'initiative et la responsabilité des individus considérés comme appartenant à un groupe. Dans ce contexte, il importe donc de mettre le droit positif en adéquation avec la réalité sociale et politique que représente l'entreprise, laquelle est, par essence, une forme d'organisation sociale.

Du point de vue de l'organisation sociale, la structure professionnelle s'analyse en une institution dotée d'une personnalité juridique à finalité professionnelle ; elle se caractérise par un objet professionnel clairement établi et limité, ainsi qu'une nationalité unique.

Une analyse détaillée de l'entreprise laisse apparaître trois éléments fondamentaux indispensables à toute « entreprise » : un sujet, « l'animus professionnel », un objet, « l'activité précise », et des moyens de fonctionnement, « moyens matériels » (biens matériels et immatériels nécessaires au fonctionnement de l'entreprise) et « moyens humains », qui forment le groupe des « apporteurs de travail ».

De façon plus détaillée, « l'animus professionnel » est double, il se compose d'une part, d'un élément juridique, l'équipe dirigeante, et d'autre part, d'un élément économique, lui-même dédoublé en élément économique actif (propriétaires majoritaires) et passif (propriétaires minoritaires).

Ce contexte général est valable quelles que soient les activités envisagées.

Dans le nouveau schéma juridique de l'entreprise, chacun des groupes humains participant à l'entreprise entretient des relations en termes à la fois de pouvoirs et de responsabilités vis-à-vis les uns des autres ; ce qui limite, par construction, les abus d'un groupe sur l'autre[98].

98 Pour plus de précision sur le concept juridique d'entreprise, le lecteur curieux est renvoyé aux articles de Valérie Bugault intitulés « Décryptage du système économique global - Géopolitique de l'entreprise capitalistique, parties 1 et surtout 2 » publiés sur le site du Saker francophone : http://lesakerfrancophone.fr/decryptage-du-systeme-economique-global-67-geopolitique-entreprise-capitalistique-22 ; http://lesakerfrancophone.fr/decryptage-du-systeme-eco-

c. La disparition du concept, d'origine économique, de « propriété économique », qui est la traduction juridique du principe d'accaparement

L'analyse de l'énoncé du concept de propriété économique et de ses conséquences juridiques met en lumière le désordre social profond que ce concept implique ; l'ordre juridique qui en découle est en réalité un désordre juridique fondé sur l'accaparement. La civilisation ne saurait coexister avec le concept de « propriété économique » qui doit être définitivement aboli.

(1) Enoncé de la théorie dite de « propriété économique »

La notion de propriété économique, jusqu'à maintenant inconnue du droit français, est en revanche très prégnante dans le droit anglo-saxon, qui est essentiellement axé autour du commerce ; ce droit distingue plusieurs niveaux de propriété avec plusieurs protagonistes, chacun disposant de pouvoirs, de droits et de prérogatives sur une même chose, la propriété du financier étant prépondérante.

Le concept de propriété économique s'est initialement développé aux USA, en raison de la mainmise que les principaux capitalistes détenaient sur cet État à vocation impériale. Cette notion part du principe que la personne qui dispose d'un droit réel (grosso modo celle qui est « propriétaire ») sur un bien (matériel ou immatériel, mobilier ou immobilier) est celle, physique ou morale, soit qui fournit le capital nécessaire à son acquisition (au premier rang desquelles sont les banques), soit qui exploite et traite le bien, peu importe par ailleurs le propriétaire juridique nominal du ou des biens[99] .

Cette doctrine est présentée dans un didacticiel répandu sur internet de la façon suivante : « L'approche classique du droit civil du XIXe siècle à l'égard de la notion de propriété, était statique et formaliste. Les évolutions des doctrines juridiques en France et en Allemagne, prouvent que cette approche est en train de changer. La propriété est devenue un outil adaptable. En limitant les droits du propriétaire par le droit des contrats, celui-ci peut prévaloir et faire admettre que le non propriétaire formel soit considéré comme le propriétaire « économique ». Cette notion de propriété économique met sous pression le droit civil pour le

nomique-global-67-geopolitique-entreprise-capitalistique-12

99 Cf. Catherine Del Cont, *Propriété économique, dépendance et responsabilité*, éditions L'Harmattan, 1998, 400 p.

rendre plus proche du « Common Law ». La contractualisation de la notion de propriété en droit civil est donc une étape vers l'institution d'un droit européen de la propriété »[100]. Ce qui confirme parfaitement l'assertion selon laquelle les institutions européennes sont une arme de destruction du droit dit continental : elles sont le « cheval de Troie » qui sert à imposer dans les pays de droit écrit, le droit anglo-saxon, lequel a historiquement été développé par les détenteurs du pouvoir économique et pour leurs intérêts bien compris.

Pour traduire cette théorie en droit positif, les défenseurs de la propriété économique s'appuient sur le postulat selon lequel le droit doit, ou devrait, par « réalisme juridique », être mis en conformité avec la réalité économique. Une telle interprétation du « réalisme juridique » entièrement comprise dans la réalité du financement, valide fort opportunément les droits des fournisseurs de crédits. Toutefois, en ne s'occupant que de réalité financière apparente, cette interprétation du réalisme juridique occulte plusieurs autres réalités de valeur pourtant supérieure :

1) la réalité selon laquelle le fournisseur de monnaie n'est pas lui-même propriétaire de la monnaie (cf. la troisième partie de cet ouvrage) et

2) la réalité selon laquelle la monnaie remplit un rôle d'organisation sociale et ne saurait servir à l'accaparement des biens tangibles.

Ainsi, selon cette autre interprétation, de valeur supérieure, le véritable « réalisme juridique » consiste à acter la véritable nature de la monnaie et à s'opposer à la validation juridique de l'accaparement des biens matériels tangibles.

Pour bien faire comprendre la substance du concept de « propriété économique », nous pouvons l'illustrer par les effets juridiques et économiques des désormais fameux prêts immobiliers garantis (les « subprimes »). Ce système de prêts garantis a permis aux banques d'exproprier manu militari des emprunteurs financièrement fragiles, qui s'avéraient incapables de rembourser les intérêts en constante inflation de prêts qu'ils avaient initialement souscrits à taux bas. Les établissements financiers sont ainsi devenus propriétaires non-occupants de telles quantités de logements qu'il leur est devenu impossible de les revendre aux prix dits « du marché » (en tout cas de ce qu'était ce marché

100 Cf. http://www.docfoc.com/contractualisation-of-ownership-about-legal-ownership-and-economic-ownership

au moment de la souscription des prêts ayant permis aux particuliers ce qu'ils croyaient être l'achat de leur logement). Les banques, n'ayant guère d'intérêt à conserver des logements vacants – pour lesquels il faut, normalement, au surplus acquitter les impôts - ont alors mis ces logements en vente (sur le marché de l'immobilier), générant en conséquence une énorme chute des prix de l'immobilier ; ce qui a, par contrecoup, déprécié d'autant les actifs immobiliers encore présents dans les bilans des entreprises, y compris celui des banques. Si le concept de « propriété économique » était transcrit en droit civil, les banques obtiendraient le même effet que celui ci-dessus décrit, sans avoir besoin de faire signer à l'emprunteur la « garantie » (droit réel) qui l'a dépossédé, le simple fait de financer un bien donnerait de facto aux banques un droit de propriétaire sur ce bien.

Cette crise dite des « subprimes » a été déclenchée par la voracité d'établissements financiers désireux d'imposer des remboursements d'emprunts, qui s'apparentent à des rançons légales, à des gens, qu'ils savaient déjà par hypothèse, insolvables. L'essentiel, pour ces financiers peu scrupuleux, étant que l'intérêt et/ou le capital leur restent en définitive acquis.

(2) Les conséquences juridiques de la « propriété économique »

Tous les biens matériels corporels acquis à crédit appartiendront à la banque tant que le dernier millième de centime n'aura pas été remboursé. Plus besoin ici de recourir à des prêts garantis pour aboutir au même résultat. Il faut ici rappeler que la banque est autorisée - par le principe acquis de la réserve fractionnaire - à prêter une quantité d'argent créée ex nihilo (qui n'existe préalablement pas). Dans ce contexte, il résulterait de la mise en œuvre du principe de « propriété économique » qu'une simple écriture comptable factice aura le pouvoir de rendre les banques propriétaires de la majorité des biens financés par emprunts et qui se trouveront dès lors, en transit juridique.

Ce concept de propriété économique se décline également en droit des sociétés où il permet l'appropriation de l'entreprise, de ses biens et de son existence même, par les principaux détenteurs de son financement. Le concept de propriété économique est à l'origine de « la théorie de l'agence » en droit des sociétés, laquelle a légitimé en France l'introduction des « stock-options » ; les stock-options relèvent de la volonté de rapprocher les intérêts financiers des propriétaires de l'entreprise de ceux des dirigeants, en vue de maximaliser les profits capitalistiques futurs.

Ils sont la carotte qui permet un rendement maximum aux détenteurs du capital de l'entreprise.

La transposition partielle en droit français du trust anglo-saxon (la fiducie), est un autre pas en avant dans l'acceptation du concept de propriété économique par le droit français.

Une autre application intéressante du concept de « propriété économique » est l'arrivée en France des LBO (« Leveraged Buy-Out »). Les LBO sont une technique permettant à une entreprise (une holding) d'acquérir une autre entreprise au moyen d'un prêt bancaire qui sera remboursé par la « cible », c'est-à-dire par les bénéfices générés par la société acquise. Cette technique permet donc de faire financer, moyennant l'intermédiation d'une banque, un achat d'entreprise par l'entreprise acquise. Sous l'empire du concept de « propriété économique », la banque, simple intermédiaire souvent complice active de la société acquéreuse, deviendra propriétaire de l'entreprise acquise jusqu'au complet remboursement du prêt par la victime achetée (à ses propres frais !). La technique du LBO, qui est une mise en pratique juridique de l'accaparement, le deviendra plus encore sous l'empire de la « propriété économique ».

La loi sur la protection du secret des affaires, adoptée par le Parlement européen le 14 avril 2016, est directement issue du concept fallacieux de « propriété économique ».

La propriété économique peut également se décliner en matière de transmissions informatiques. Sous l'empire du concept de « propriété économique », les données personnelles immatérielles collectées (big data) appartiennent de plein droit à l'entreprise qui traite et exploite ces données (comme c'est déjà le cas aux USA), et non plus comme c'est encore actuellement le cas en France - plus pour longtemps paraît-il - aux personnes concernées par ces données ou dont ces données sont issues. Alors que le droit dit continental, en opposition au droit anglo-saxon, reste, ou du moins restait jusqu'à une date récente, protecteur des données personnelles, cela pourrait changer du tout au tout si cette notion dite de « propriété économique » venait à voir le jour en Europe.

En matière de droit bancaire, le concept de « propriété économique » encourage les prises de risque spéculatives pharaoniques : imaginons un « Hedge Fund » qui a besoin de 10 millions de dollars pour spéculer sur des produits dérivés. Sa banque va pouvoir créer cet argent et le prêter sans grands scrupules, car si le fonds n'est plus solvable, elle sera « propriétaire économique » du résultat des opérations réalisées grâce à son prêt assorti d'un effet de levier (car les options seront prises sur 200 ou 300 millions, c'est à dire 20 à 30 fois le dépôt de garantie !).

C'est également sous l'impulsion des tenants de la « propriété économique » que le principe du « bail-in » bancaire a pu voir le jour. Imaginer que les déposants soient appelés au renflouement de banques faillies revient pour les propriétaires des capitaux desdites banques à s'approprier l'argent dont ils n'étaient, jusqu'à ce jour par le biais de la personnalité morale de la banque, que simples dépositaires. Dépositaires mais également utilisateurs. D'une part, car cet argent sert de limite à la création monétaire par le biais du principe de la réserve fractionnaire. D'autre part parce que, depuis la disparition du principe de séparation entre banques de dépôts et banques d'affaires, les banques sont autorisées à utiliser à des fins propres l'argent des particuliers ; occasionnant ainsi un système de spéculation endémique avec l'argent des déposants. S'agissant de comptes bancaires, y compris ceux situés dans les paradis fiscaux, il faut rappeler que les établissements financiers qui abritent et gèrent lesdits comptes ont désormais la possibilité de les faire fructifier pour compte propre comme bon leur semble (depuis qu'il a été mis fin au principe de séparation des banques de dépôt des banques dites d'affaires[101]). Si le principe de propriété économique venait à être acté, les établissements bancaires seraient de facto, les seuls propriétaires juridiques pleins et entiers de ces comptes, qu'ils utilisent pour leur usage propre.

Les partisans de la version juridique de la « propriété économique » envisagent de transformer d'une façon générale le concept du droit de propriété en droit de propriété économique. L'avènement juridique du concept de propriété économique a en effet aujourd'hui des partisans très actifs qui tentent de le décliner en droit civil positif. Il en résulterait de façon mécanique que les biens n'appartiendraient plus à leurs propriétaires nominaux mais aux personnes qui financent ou qui utilisent à des fins économiques lesdits biens.

Une telle évolution du droit français est portée par des personnalités actives et influentes, qui ont acquis des positions sociales dominantes leur permettant de faire passer l'idée que cette évolution s'impose, qu'elle est, somme toute, naturelle, et que l'histoire de la « propriété économique » appartient à l'avenir. Insensiblement, et par diverses retouches juridiques successives, la propriété des sommes déposées en banques changera de main, elle deviendra la propriété pleine et entière des banques,

101 Cf. http://www.alternatives-economiques.fr/blogs/gadrey/2012/12/19/pour-une-vraie-separation-des-banques-d'affaires-et-des-banques-de-depot

c'est-à-dire de leurs propriétaires majoritaires, qui non contents d'avoir permis la faillite, notamment par leur lobbying en faveur de la déréglementation bancaire (ce lobbying ne concerne que les plus grosses banques, celles qui contrôlent de facto les banques centrales, pas les petites banques qui en seront finalement victimes), se permettront l'accaparement pur et simple de l'argent des déposants. Les grosses banques acquérant au surplus à vil prix les petites banques faillies, générant ici encore une concentration massive des capitaux dans les mains des principaux banquiers.

(3) Conclusion

Le soi-disant « réalisme juridique » invoqué par les partisans de la « propriété économique » est en réalité l'illustration parfaite de la loi du plus fort : de factuelle, la domination économique devient juridique et institutionnelle. La « propriété économique » transformée en droit positif suppose l'avènement légal du principe d'accaparement. Ce concept, décliné en droit positif, est de nature à mettre fin, non pas à la démocratie qui n'existe déjà qu'au travers d'un simulacre de vote populaire chargé d'adouber des personnalités choisies par et pour les grands capitalistes, mais à 250 ans d'illusion démocratique matérialisée par l'avènement d'une classe dite moyenne.

Ce concept est également de nature, en rendant appropriable la relation humaine (le lien contractuel), à réinstaurer juridiquement le système de l'esclavagisme. Avec l'avènement de la « propriété économique », l'esclavagisme financier de fait est en voie de se transformer en esclavagisme de droit (c'est-à-dire juridiquement acté) des corps.

En Occident, il faut constater que le concept de propriété économique est en plein développement dans les cercles concentriques du pouvoir... Il a de beaux jours devant lui. Il ne faut pas compter sur les praticiens du droit, formés selon la conception de la « théorie pure du droit », pour s'opposer à ce braquage juridique. En effet, s'opposer à l'introduction en droit français du concept scélérat de « propriété économique » nécessite non seulement une connaissance du droit civil, ce que n'ont d'une façon générale pas les praticiens du droit des affaires issus des milieux commercialistes (à l'exception notable de ceux qui œuvrent en France à l'émergence juridique de ce concept), mais également une analyse des finalités de ce concept, ce qui est aujourd'hui très largement hors du domaine d'activité des praticiens-activistes du droit.

Pourtant, si l'on considère le « fait politique » comme étant une émanation organisationnelle d'individus vivant sur un territoire donné, le concept de propriété économique, qui institue l'accaparement au profit des principaux détenteurs de capitaux, est radicalement incompatible avec le renouveau du phénomène politique, il doit impérativement être « légalement neutralisé ».

3. Au niveau métajuridique et métapolitique

Il apparaît évident - à qui veut bien se donner la peine d'observer de façon minutieuse et sans a priori - que les soubassements intellectuels, théoriques et institutionnels en vigueur ont joué un rôle primordial, déterminant, dans l'impasse civilisationnelle dans laquelle la France en particulier, et l'Occident en général, sont aujourd'hui acculés.

En particulier, les concepts d'une prétendue « science économique » et de « théorie pure du droit » développés au cours du XXe siècle, ont permis la déviation des institutions et leur appropriation par les personnes détentrices du pouvoir financier et capitalistique. La prétendue « science économique » a engendré la mise à l'écart du concept d'économie politique[102] tandis que la « théorie (pure) du doit » a évincé du droit toute réflexion philosophique[103], c'est-à-dire essentiellement toute réflexion de politique juridique concernant les conséquences éthiques (pour les uns) ou morales (pour les autres) des lois.

La conception scientiste de l'économie et du droit, matières rendues volontairement isolées et hermétiques par les autorités universitaires (éventuellement stipendiées), a permis d'exclure du raisonnement intellectuel la nature fondamentalement sociale et pluraliste de toute organisation humaine. C'est ainsi que le personnel salarié s'est trouvé « géré » et ravalé au rang de « ressources humaines », c'est ainsi que la formation intellectuelle des jeunes - initialement instruction - s'est transformée en « éducation »... Une telle conception des « sciences sociales » a en réalité permis de transformer ces matières en armes de conquête du pouvoir

102 Sur l'éviction du concept d'économie politique en occident, lire la transcription du discours de Mikhaïl Khazine : http://lesakerfrancophone.fr/mikhail-khazine-2016-annee-de-la-grande-rupture-15

103 Lire à ce propos l'étude du professeur J.-P. Chazal : http://spire.sciencespo.fr/hdl:/2441/5l6uh8ogmqildh09h82apilqg/resources/philosophie-et-theorie-du-droit-ou-l-illusion-scientifique.pdf

politique par les détenteurs de la puissance économique. Un tel procédé ne pouvait mener, à terme, qu'à l'impasse civilisationnelle dans laquelle l'Occident, et à sa suite le monde, est aujourd'hui rendu[104].

La mise en lumière de ces phénomènes conduit à repenser le droit. Dans ce contexte, la simple analyse logique met en évidence le fait que le droit dit commercial, considéré depuis 1807 comme un droit dérogatoire, fait en réalité partie intégrante de l'organisation sociale générale et doit, en conséquence, être réintroduit dans le droit commun. Il apparaît donc nécessaire d'engager en ce sens une nouvelle vaste entreprise de codification du droit.

a. La « science économique » doit s'effacer au profit d'un retour de « l'économie politique »

(1) Vue d'ensemble

L'économie politique considère les objectifs économiques qu'il est souhaitable ou simplement possible d'atteindre ainsi que les conditions nécessaires pour atteindre cet objectif.

À l'inverse, la « science économique », sur le même modèle que celui de la conception du droit comme « théorie pure », ne s'occupe que de l'analyse des moyens, des processus économiques en cours, ces derniers devenant la fin de toute recherche[105]. Toute recherche critique sur la finalité des questions soulevées par l'économie est structurellement évacuée de la matière. En ce sens, les économistes, au même titre d'ailleurs que les juristes, deviennent de purs agents du pouvoir en place, justifiant ce dernier par leur existence même. Les économistes qui prennent conscience de la vacuité d'une telle conception de l'économie deviennent, tel le prix Nobel Maurice Allais, persona non grata du système ; ils ont, pour reprendre le bon mot d'un auteur, « la parole coupée ou la tête coupée »[106].

104 Lire à cet égard Valérie Bugault «Les colonnes infernales de la défaite civilisationnelle » : http://lesakerfrancophone.fr/les-colonnes-infernales-de-la-defaite-civilisationnelle ; également Revue *Europe et Orient* n°23, juillet-décembre 2016, de l'Institut Tchobanian.

105 Sur la distinction entre économie politique et sciences économiques, voir Mikhaïl Khazine : http://lesakerfrancophone.fr/mikhail-khazine-2016-annee-de-la-grande-rupture-15

106 Cf. Arnaud Aaron Upinsky, *La tête coupée ; le secret du pouvoir*, éditions Le Bec, 1998, 526 p.

Cet état des choses n'est pas satisfaisant, pas plus au regard de l'équité qu'à celui de la cohésion, à la fois individuelle et de groupe. Rien ne justifie que l'économie soit une matière « hors sol » avec un vocabulaire qui s'éloigne de plus en plus ouvertement du vocabulaire commun et dont la finalité consiste en tout et pour tout à analyser, poussant l'exégèse dans ses derniers retranchements, les moyens utilisés par le pouvoir en place pour conforter sa position sociale.

En particulier, le marché ne doit pas être considéré comme une fin en soi, concept instrumentalisé par les tenants du pouvoir économique. Le « marché » n'est et n'aurait jamais dû être autre chose qu'un moyen de diffusion des échanges ; ce qui nécessite son contrôle et sa régulation par une autorité supérieure, l'autorité de l'État (bien compris). Tout au contraire, nous assistons aujourd'hui au contrôle des marchés par les principaux détenteurs de capitaux cachés derrière diverses personnalités juridiques artificielles qui orientent les tendances et en contrôlent les indicateurs[107]. Par ailleurs, considérer qu'un État doive se financer sur les marchés de capitaux revient à nier la fonction politique de l'État et à rabaisser ce dernier au rang de simple entreprise capitalistique.

Les marchés considérés comme une « fin en soi » sont en réalité utilisés par les principaux détenteurs de capitaux comme des moyens pour abattre les États. Le conflit d'intérêt est érigé, tout comme l'accaparement, en mode de fonctionnement ordinaire que le pouvoir illégitime en place fait beaucoup d'efforts - on comprend parfaitement pourquoi – pour faire passer pour normal.

L'économie politique permet d'aborder ces sujets et ces problématiques qui sont essentiels, alors que la science économique ne le permet pas. Or tout cela repose sur un malentendu car il n'y a pas de « science » sans observation des causes et des

107 Concernant le contrôle de l'euribor, voir par exemple : http://www.lemonde.fr/economie/article/2012/07/19/scandale-de-l-euribor-la-societe-generale-et-le-credit-agricole-a-leur-tour-impliques_1735883_3234.html ; ou encore http://www.lefigaro.fr/societes/2016/12/07/20005-20161207ARTFIG00307-scandale-de-l-euribor-trois-nouvelles-mises-a-l-amende.php ; encore http://www.lefigaro.fr/societes/2012/12/10/20005-20121210ARTFIG00610-apres-le-libor-le-scandale-de-l-euribor-va-eclater.php ; concernant le contrôle du libor, voir par exemple : http://www.lemonde.fr/economie/article/2015/04/23/scandale-du-libor-deux-milliards-d-euros-d-amende-pour-la-deutsche-bank_4621563_3234.html ; ou encore http://www.20minutes.fr/economie/972083-20120716-tout-comprendre-scandale-libor ; encore http://www.lemonde.fr/economie/article/2012/12/18/scandale-du-libor-une-trentaine-de-banquiers-d-ubs-seraient-impliques_1807766_3234.html ; et http://www.lemonde.fr/economie/article/2014/10/21/bruxelles-inflige-61-6-millions-d-euros-d-amende-a-jp-morgan_4509938_3234.html

effets d'un processus ; aussi la prétendue « science économique », qui fait abstraction des causes et des effets des processus ne saurait être considérée comme une « science », elle n'en est pas une.

Toute science sociale (à l'opposé des sciences naturelles), fondée en premier lieu sur l'analyse des causes et des effets d'un processus doit impérativement, par la suite, déboucher sur une amélioration des conditions de vie en commun. Rien de tout cela n'est autorisé sous l'empire de l'exégèse technique qu'est devenue la prétendue « science économique ». Nous allons en voir l'illustration en matière monétaire : l'actuelle « science économique » a évacué de ses préoccupations le fondement, pourtant très contestable de la conception monétaire encore en vigueur. Ce fondement est lié au rapport de force politique qui a opposé le principe monarchique à l'émergence d'une nouvelle caste de banquiers commerçants très puissants. L'actuelle conception de la monnaie, dont personne ne discute plus sous l'emprise de la « science économique », est donc fondée sur un rapport de force politique. Ce rapport de force a historiquement basculé en faveur des commerçants par le ralliement de la papauté à la conception monétaire de ces derniers, opérant de ce fait un premier séisme dans les fondements politiques du régime monarchique.

(2) L'application de la « science économique » à la monnaie : le dogme du fondement historique de la monnaie

Nous allons voir comment la conception restrictive de l'économie véhiculée par la « science économique » a encouragé la confusion entre la nature de la monnaie et sa matérialité ; justifiant par là-même le système d'accaparement de la monnaie. Le fondement historique contestable de la monnaie qui a émergé sur fond de rapport de force entre une monarchie déclinante et l'émergence du nouvel ordre des marchands ne peut pas, sous l'empire de l'actuelle « science économique », être remis en cause.

La « science économique » admet implicitement que la monnaie existe simultanément sous au moins deux formes antagonistes et contradictoires ; l'on pourrait dire d'une façon imagée, que la monnaie, comme la lumière, est à la fois onde et corpuscule. « C'est en suivant le cycle de la monnaie que l'on voit apparaître clairement sa double nature « corpusculaire » et « ondulatoire » »[108].

108 Cf. Arnaud Aaron Upinsky, *La Perversion Mathématique*, Éditions du Rocher, 1985, 318 p.

Mais, si tous les manuels d'enseignement de l'économie dressent une liste des fonctions de la monnaie - unité de compte, réserve de valeur, intermédiaire des échanges - aucun ouvrage d'enseignement de l'économie orthodoxe ne donne de définition de la monnaie. Les manuels d'enseignement, du lycée à l'université, mentionnent une histoire inventée par le philosophe anglais John Locke[109]. Il s'agit de la fable selon laquelle le troc serait à l'origine de la monnaie. Cette fable, qui suggérait implicitement que l'ordre marchand est spontané, indépendant et antérieur à l'ordre politique, a connu un très grand succès. On trouve également, très souvent citée dans les manuels d'enseignement, une autre fable qui vient des Grecs et qui, sur le fond, sert les mêmes intérêts. Cette « histoire » met en scène Crésus[110] comme inventeur mondial de la monnaie ; la monnaie est ici fallacieusement présentée comme indéfectiblement liée à l'or.

S'agissant de la nature de la monnaie, le choix dogmatique qui a été fait, et qui prévaut aujourd'hui - la « science économique » refusant obstinément de le remettre en cause - remonte aux XIIIe et XIVe siècles. À cette époque, les deux grandes écoles de la scolastique qu'étaient le réalisme et le nominalisme - qui s'opposaient - avaient une conception différente de la nature de la monnaie.

Les réalistes demeuraient fidèles à la conception féodale selon laquelle la monnaie était considérée comme un signe du politique et, au-delà, un instrument du religieux ; la monnaie était en quelque sorte assimilée à un signe de Dieu sur terre, ce qui justifiait le pouvoir absolu du prince. Selon cette option, la monnaie était une institution contrôlée par le prince.

Les nominalistes en revanche étaient partisans d'une conception de la monnaie comme marchandise dotée d'une valeur intrinsèque ; ils fondaient leur approche par le raisonnement sur la quiddité. Leur mouvement apportait un soutien intellectuel considérable à la révolution invisible qu'effectuait à cette époque la partie du Tiers-État structurée autour de l'activité marchande (cette classe sociale était nommée au Moyen-Âge la « merchanderie »). Les nominalistes fondaient ainsi la monnaie sur un processus intellectuel participant totalement à la mentalité réaliste puisque la monnaie ainsi conçue était axée autour du processus de réification. Cette option épistémologique est paradoxale, elle est au surplus contradictoire avec le rejet par les nominalistes des « universaux ». Mais l'avantage de cette position paradoxale, et même contradictoire, était d'interdire aux princes l'utilisa-

109 Cf. https://fr.wikipedia.org/wiki/John_Locke

110 Crésus avait eu l'idée de frapper des morceaux d'or provenant du fleuve Pactole où le roi Midas avait abandonné son pouvoir dionysiaque de tout transformer en or.

tion de la monnaie à leurs propres fins, (suppression du seigneuriage) puisqu'elle tirait son existence et sa valeur d'un principe totalement autonome et étranger à toute notion de pouvoir ou de contrôle.

La papauté prit finalement parti pour ces « nominalistes tempérés ». En prenant parti pour les intérêts de la bourgeoisie commerçante ascendante, la papauté s'est mécaniquement dissociée des intérêts du prince. Cette dissociation a généré la première rupture de cohésion du système féodal, dont la force résultait de l'association politique des projets temporel représenté par le prince et spirituel représenté par la papauté.

La prise de position papale a durablement fait évoluer la théorie monétaire vers le matérialisme le plus total : désormais, la valeur de la monnaie ne pouvait venir de rien d'autre que du métal précieux supposé la composer. Certains ne voulaient même pas tenir compte des frais de frappe des pièces. Dès lors, il devenait absolument indispensable de trouver de nouvelles sources de métal précieux afin de préserver le fonctionnement, au moyen de la monnaie (qui permet de maintenir un bon niveau d'échanges), de l'ordre social ; ce qui fut fait au XVIe siècle par le pillage de type génocidaire des Amériques.

Aujourd'hui, après l'abandon définitif de la monnaie-matière, la mentalité scolastique revient occuper le terrain perdu dans un contexte pourtant totalement différent, celui de la réification des créances.

Avant que plus de dégâts n'interviennent dans les organisations humaines, il est temps de faire prévaloir la réalité sur les dogmes instrumentés. Notre époque a le « devoir » historique de mettre bon ordre dans les principes qui régissent la vie en société ; à cet égard, la nature « d'acte d'autorité émanant du pouvoir politique » de la monnaie doit apparaître au grand jour et enfin s'imposer juridiquement.

b. La théorie du droit ne peut être séparée de la philosophie du droit : dénonciation de l'erreur conceptuelle historique du XXe siècle

La théorie pure du droit qui a prévalu durant tout le XXe siècle a engendré l'éviction de l'étude des finalités du droit de la matière juridique. Il en est résulté alors que le droit est, par essence, la recherche du juste, l'exclusion de la recherche du juste par les juristes formés à la prétendue « science juridique ».

Il en va de la « science juridique » comme de la « science économique » : il ne saurait être parlé de science dans un domaine qui refuse a priori l'observation et l'examen critique des causes et des effets des processus en cause. L'examen des causes et des effets des processus juridiques en cours plaide en particulier pour une réintégration du droit commercial dans le giron du droit civil, et pour l'organisation d'une vaste entreprise de recodification du droit.

(1) Le droit est par essence la recherche du juste

Sous l'influence déterminante d'Hans Kelsen[111] et de sa « théorie pure du droit », l'étude du droit prend, au XXe siècle, la forme de l'exégèse technique : les finalités de la technique juridique employée n'ont pas à être étudiées, elles sont exclues de tout examen critique. Sous cette domination, le droit, tout entier compris dans le positivisme, devient désincarné, sa vocation est d'être instrumentalisé. La théorie pure du droit en vogue au XXe siècle a évacué de l'analyse juridique l'essentiel qui consiste à s'interroger sur la finalité du droit en terme de justice. La finalité de justice, inhérente au droit naturel, devient désormais bannie de l'étude du « droit », les praticiens deviennent de simples mécaniciens désincarnés de techniques instrumentalisées par le pouvoir économique.

En mettant en avant dans les domaines relevant de l'organisation politique, c'est-à-dire du « droit », une approche scientiste désincarnée dans laquelle le cartésianisme est volontairement amputé de sa composante critique et de la recherche de la justice, le « droit » est devenu une « matière » manipulable, et dûment instrumentalisée, par les puissances d'argent dominantes ; celles-ci y ont vu le moyen d'imposer leur propre politique, de sculpter les institutions et les processus juridiques en fonction de leurs seuls intérêts catégoriels. Le « droit » s'est transformé en non-droit.

La démarche consistant à couper les matières concernant l'organisation sociale de leur support conceptuel critique a transformé ces dernières en des matières hors sol dont la seule vocation est d'être instrumentalisées… Et finalement vouées, ab initio, à l'échec du point de vue de la civilisation. Étant précisé que ce qui est un échec pour les peuples est évidemment une grande victoire pour les détenteurs du « fait économique ». Le juriste a ainsi été transformé en instrument du pouvoir, celui de la ploutocratie. Le contre-pouvoir que constitue la pensée

111 Cf. https://fr.wikipedia.org/wiki/Hans_Kelsen

critique du juriste disparaît ainsi fort opportunément du milieu universitaire ; le « droit » ainsi entendu devient une technique manipulable à l'infini par ceux qui ne s'interdisent pas d'en observer les finalités, en particulier par les détenteurs du « pouvoir économique ».

Notre approche théorique se situe à l'opposé exact de celle entreprise au siècle dernier : le « droit » n'est « droit » que parce qu'il donne la première place à l'observation des causes et des effets, justes ou injustes, des processus techniques envisagés ; il n'est droit que parce qu'il cherche à atteindre ou à se rapprocher le plus possible du « juste ». L'analyse critique du « droit », qui comprend l'observation des causes et des effets justes ou injustes, fait naturellement partie intégrante du « droit », sous peine de voir disparaître le concept même de « droit ».

Le retour de l'observation historique et de la critique des finalités des processus juridique permettra de rétablir la matière juridique dans ce qu'elle a de plus noble, la recherche du juste.

L'expérience historique doit tenir la première place dans l'examen critique du droit. En effet, s'agissant d'organisation humaine, traduite en termes juridiques, rien ne peut être réellement inventé, tout a déjà peu ou prou été expérimenté : il s'agit simplement d'adapter et de réhabiliter les expériences bénéfiques au développement des sociétés et de bannir définitivement celles qui ont conduit à une impasse en terme de développement humain. Si l'on suit cette méthodologie, il apparaît que le commerce ne saurait en aucun cas être séparé du droit commun. Il doit au contraire - car il fait partie intégrante de l'organisation humaine générale - obéir aux principes généraux qui régissent les comportements humains. Le commerce doit être à nouveau soumis à l'ordre politique, dans le sens où celui-ci a pour fonction d'organiser la vie en commun c'est-à-dire, de rendre les relations interindividuelles et celles avec les institutions les plus sereines possibles.

La traduction juridique de cette observation est que le droit commercial doit perdre le caractère de droit d'exception qu'il a acquis dès l'avènement du Code de commerce de 1807 pour réintégrer le droit commun. Cela permettra de mettre, en droit français, un terme définitif à l'usurpation actuelle de l'organisation sociale par le « fait économique ». Autrement dit le commerce, qui fait partie de la vie en société, a fini, à la faveur de sa position juridique de « droit d'exception », par s'élever au rang de « droit commun », faisant plier à ses principes toutes les règles gérant la vie en commun. Or, de façon conceptuelle, si le commerce fait partie de la vie en commun, cette dernière ne se résume pas en de simples règles commerciales. L'humain est une entité naturelle reconnue par le droit. De la même façon que la vie humaine ne se résume pas en des « actes de commerce ». Il faut marteler qu'au contraire du postulat sur lequel sont fondées les institutions nationales, supranationales (institutions européennes) et internationales actuelles (OCDE, OMC, FMI, banque mondiale...), la vie en commun ne se réduit en aucune façon à de simples règles commerciales.

Nous assistons aujourd'hui au triste spectacle d'une mystification du « fait politique » par le « fait économique » lequel s'est en réalité arrogé une prérogative qui, par essence, ne lui appartient pas : les règles du commerce ont pris le pas sur les règles d'organisation sociale. Les tenants du pouvoir économique ont phagocyté dans leur seul intérêt le « fait politique » dénaturant celui-ci. Si les termes ont encore un sens, le « fait politique » ne peut en aucune façon être assimilé par et dans le « fait économique » ; ce qui revient à dire que dans « l'ordre (qui est plutôt un désordre) social actuel », le « fait politique » n'existe plus, il est mis entre parenthèses générant, comme dommage collatéral, une suspension de la notion de « civilisation ».

(2) La nécessité absolue de réintégrer le droit commercial dans le giron du droit commun suppose la mise en œuvre d'une vaste recodification du droit

La conception même du « droit » doit être rénovée afin de rendre au concept politique d'État sa prééminence. Les mots doivent retrouver leur valeur sémantique et l'organisation humaine doit retrouver la voie ouverte par d'illustres auteurs comme Aristote, Saint Thomas d'Aquin, Domat, plus récemment Maurice Hauriou et beaucoup d'autres... En d'autres termes, le droit doit à nouveau tendre vers la recherche du juste et le « fait politique » doit reprendre la place qu'il n'aurait jamais dû - par lâcheté, ignorance ou veulerie - perdre au profit des principaux détenteurs de capitaux. L'économie, qui fait partie intégrante de l'organisation sociale, doit retourner dans le giron du droit et ne plus être le prétexte à l'asservissement des individus par une organisation sociale à vocation exclusivement prédatrice.

Ainsi, le droit commercial, conçu comme un droit d'exception par le Code de commerce de 1807, doit impérativement réintégrer le giron du droit commun pour en respecter toutes les prescriptions. Cette réintégration doit nécessairement se réaliser au moyen d'une vaste entreprise de codification du droit. La codification est un travail de clarification, de hiérarchisation, de synthèse et de recherche de cohésion, par opposition, aux actuelles compilations.

Par « codification » il faut comprendre un effort de synthèse et de théorisation comparable à celui entrepris en France en 1804 au moment de la réalisation du code civil napoléonien. Les prétendues codifications auxquelles nous avons assisté en France ces quarante dernières années ne méritent en aucun cas le terme de « codification » (les mots doivent impérativement retrouver un sens afin de pouvoir communiquer), elles ne sont que des « compilations » - à la mode anglo-saxonne - de règlementations plus ou moins opportunistes, et de circonstances engendrant des incohérences et une insécurité juridique rendant tout à fait vain le terme d'État de droit.

Un travail de codification consiste (selon la tradition française) à dire beaucoup de choses en peu de mots[112]. Il aura pour effet de rendre « le droit » à nouveau intelligible aux yeux de ses usagers et participera en conséquence à rendre la vie en commun plus sereine. Tout au contraire, les réglementations actuelles ont pour effet – et sans doute aussi pour fonction - de crisper les rapports sociaux, alimentant d'incessants conflits larvés ne demandant qu'à éclore ; les rapports humains sont judiciarisés comme le sont les contrats commerciaux.

L'ordre social n'existe que lorsqu'il est domestiqué par un pouvoir politique conscient de sa fonction (et des limites de son exercice) et en mesure d'imposer des règles justes à tous les acteurs de la société humaine. Nous en arrivons ainsi à la nécessité cruciale, pour les États, de reprendre le contrôle, non seulement de leur économie, mais également de leur monnaie.

L'histoire nous apprend que l'État est maître souverain de sa monnaie ou n'est pas[113]. L'analyse juridique qui suit mettra en évidence le fait que la reprise en main de la monnaie par des États souverains est non seulement parfaitement possible mais également très simple à mettre en œuvre.

112 Cf. Portalis, Discours préliminaire sur le projet de Code civil : « L'office de la loi est de fixer, par de grandes vues, les maximes générales du droit ; d'établir des principes féconds en conséquences, et non de descendre dans le détail des questions qui peuvent naître sur chaque matière. »

113 Lire, par exemple, l'article suivant concernant l'attaque sur la monnaie papier ayant eu lieu en Inde au mois de novembre 2016, en particulier le dernier paragraphe : http://lesakerfrancophone.fr/un-secret-de-polichinelle-bien-garde

IV. TROISIÈME PARTIE : DE LA MONNAIE - THÉORIE JURIDIQUE DE LA MONNAIE

Le retour à des monnaies contrôlées par un gouvernement, représentant et défenseur des intérêts de sa population est la condition nécessaire, bien que non suffisante, à l'établissement d'un système politique démocratique.

L'État qui émet et contrôle sa monnaie de façon souveraine peut, à la fois financer les projets de long terme et les infrastructures publiques nécessaires, et apporter à ses résidents les moyens de s'instruire, de se soigner, de travailler, de commercer etc. Un tel État est en mesure d'assurer à ses ressortissants les conditions indispensables à toute vie décente. L'établissement d'une monnaie souveraine contrôlée par l'État permettra à la population vivant sur son territoire de prospérer, mettant de facto fin au parasitisme financier. Prospérer ne signifie aucunement s'enrichir par accaparement. Comme le remarquait déjà Rousseau, il faut éviter le luxe qui « corrompt à la fois le riche et le pauvre, l'un par la possession, l'autre par la convoitise ; il vend la patrie à la mollesse, à la vanité ; il ôte à l'État tous ses citoyens pour les asservir les uns aux autres, et tous à l'opinion.[114] » Rousseau avait ainsi, dans un exercice de grande clairvoyance, anticipé la dictature de l'opinion que nous connaissons aujourd'hui.

Le contrôle de la monnaie par un gouvernement légitime est la condition sine qua non qui permettra aux « États » de respecter leur principe politique d'État. Au-delà de la seule apparence de l'enveloppe juridique, un État n'est politiquement un État que s'il est souverain, en particulier du point de vue monétaire. Affranchir la monnaie de l'intérêt privé des banquiers internationaux permettra d'affranchir les gouvernements de ces mêmes intérêts financiers internationaux. Cela aura pour effet de redonner à l'État la capacité de décision à la fois sur son économie et sur le destin collectif de ses ressortissants.

Afin de rester viable et remplir de façon pérenne sa fonction de facilitateur d'échange, la monnaie doit structurellement échapper à la possibilité d'accaparement. Pour évident que cela paraisse, l'histoire des cinq cents dernières années va

114 Cf. Rousseau, *Du contrat social*, G-F Flammarion, 1992, Livre III, Chapitre IV « De la démocratie », p.96.

entièrement dans le sens inverse d'une monnaie détenue par les accapareurs, dans l'objectif de l'accaparement maximum. Une autre voie, très simple, est possible : il suffit de rappeler et d'acter juridiquement l'utilité sociale de la monnaie, ce que propose la théorie de la monnaie ci-dessous.

Nous détaillerons la nature de la monnaie avant d'en analyser les règles de fonctionnement.

A. La nature de la monnaie : une institution créée par un acte d'autorité

Rendre à la monnaie le rôle d'utilité sociale qui est la raison première de son existence nécessite, avant toute chose, de dissocier sa nature juridique de son support matériel.

1. La monnaie est un acte d'autorité assumant une fonction sociale de fluidification des échanges – elle est une institution et non un « bien »

La monnaie n'est juridiquement, sémantiquement et historiquement pas un « bien », mais une institution créée par une autorité afin de favoriser les échanges. En tant qu'institution, la monnaie a une valeur sociale mais pas de valeur économique.

D'un point de vue technique, la monnaie est un vecteur juridique acté en comptabilité ; l'image comptable de la monnaie a généré une distorsion de réalité.

a. La monnaie n'est juridiquement, sémantiquement et historiquement pas un « bien » mais une institution

La monnaie est de façon essentielle un acte d'autorité émanant d'une autorité. Elle est fondamentalement de nature institutionnelle. Cette assertion se vérifie d'un point de vue juridique, sémantique et historique.

(1) La monnaie n'est juridiquement pas un « bien » mais une institution créée à des fins de régulation sociale

La monnaie est essentiellement un instrument de régulation sociale, un acte public d'étalonnage, une mesure utilisée dans les rapports contractuels, permettant de favoriser les échanges de biens et services. La monnaie organise un référencement objectif et juridique de la transaction ; elle est une sorte d'unité de mesure de la valeur des échanges. La monnaie agit juridiquement et économiquement comme un « reçu »[115]. Parce qu'elle est facile d'accès et acceptée par tous, et parce qu'elle permet d'établir un récépissé de l'échange, la monnaie participe à la sécurisation juridique de l'échange et à sa fluidité, a contrario de ce que permet le troc par exemple.

La monnaie est essentiellement un acte d'autorité de la puissance politique ; elle répond à l'utilité sociale de favoriser les échanges. Elle est un acte de puissance qui est incarné par un vecteur, lequel peut revêtir différentes formes (tablettes d'argile, morceaux de bois, papier, pièces d'or, comptes bancaires etc.). Pour donner une image claire : il faut, en matière monétaire, distinguer le contenu du contenant. Si l'on parle de boire un verre, on définira le contenu par le contenant mais tout le monde saura, intuitivement, que ce qui est bu n'est pas le verre, qui n'est pas comestible. Il en va de même en matière de monnaie : s'il est commode de désigner la monnaie par son support matériel (billets-pièces ou autres), tout le monde doit garder à l'esprit que la monnaie n'est pas identifiée par - ne se réduit pas à - sa matérialisation.

L'argument habituel des libéraux qui consiste à conclure que la monnaie est un bien parce qu'il est objet de commerce est doublement erroné. D'une part, d'un point de vue conceptuel, cette assertion revient à inverser le sens du processus monétaire : n'étant, par nature, pas un bien, la monnaie est par essence hors du commerce ; elle est un simple intermédiaire destiné à faciliter le commerce. D'autre part, d'un point de vue logique : le travail en général, ou encore l'activité des professions libérales, qui font l'objet de transactions commerciales ne sont pas des « biens ». Il ne faut pas confondre la transaction avec l'objet de la transaction ; certains objets de transactions peuvent être des « biens » mais toutes les transactions, en particulier celles portant sur des services, ne sont pas des « biens ».

115 À cet égard, voir le fonctionnement du « tally stick » anglais : http://www.bl.uk/collection-items/tally-sticks#

(2) La monnaie n'est sémantiquement pas un « bien » ; elle est une institution fondée sur l'être et non sur l'avoir

Pour nous convaincre que la monnaie n'est pas un « bien », commençons par l'étymologie du mot : de l'adjectif latin *moneta*[116] . Sa racine est *mon, qui est la forme causative de la racine *men : « penser et recevoir ce qui vient à l'esprit, se souvenir… » Le verbe latin *monere* désigne donc l'action de « faire se souvenir». Relié au grec *μνημοσύνη, mnêmosunê* « qui conserve le souvenir ». La forme causative implique une action ou un objet qui fait se souvenir (du travail) et qui a donné aussi en français le mot « monument ». La monnaie était donc l'outil qui manifestait la mémoire du travail reconnu des membres de la tribu, de la cité, l'énergie sociale cumulée.

Cette action exprimée par le nom de l'objet dans le « faire se souvenir » n'est d'ailleurs pas particulière au latin :

Langue	Forme simple (se souvenir)	Causatif (faire se souvenir)
Indo-européen	**Memone**	**Moneyeti**
Latin	**Memini**	**Monere**
Norrois	**Ment**	**Mynt**
Vieil anglais	**Menna**	**Mynet**
Vieil allemand	**Minne**	**Munizza**

Cette étymologie établit dès l'origine la monnaie comme institution (encore très imparfaite) pour se souvenir de l'apport de chacun à l'égard de la société, de comment chacun ajoute une pierre à l'édifice. C'est une implication humaine, ce n'est pas une chose. Et la monnaie concrète, coquillages, bétail, pièces, billets, comptes-courants, etc, est tout simplement une série de pense-bête pour ne pas oublier les dettes et les créances de chacun.

L'étymologie grecque de *nomismata* (« ce qui est instauré par la loi ») nous confirme qu'il s'agit bien d'une institution. Cela va même plus loin : à l'origine de

116 Junon Moneta était la déesse qui avertissait et qui conseillait, mais elle était aussi considérée comme la protectrice des femmes et la gardienne des Finances. Au départ, les monnaies sont de simples jetons pour se souvenir des dettes et des créances. Mais ce lien de moneta avec la mère, avec la féminité nous rapproche du lien particulier de la femme avec l'argent tellement bien mis en valeur par Bernard Lietaer, dans son livre *Au cœur de la monnaie*, Éditions Yves Michel, 2011, 672 p.

l'écriture, autre institution sans laquelle les sociétés humaines n'existeraient pas, il y a les nécessités du partage : partage des droits à l'eau, partage des droits aux terres, partage du travail. Et les deux institutions se conjuguent : les premières monnaies d'envergure ont été les écritures comptables des scribes de Sumer et d'Akkad, il y a plus de cinq mille ans !

La monnaie n'est pas une réalité extérieure aux êtres humains et hors de leur portée. Il est essentiel de retrouver une vision de la monnaie comme une réalité humaine : un phénomène inventé par et pour faciliter l'organisation humaine collective, en particulier les échanges de biens et services. Cette affirmation se heurte à la conception exclusivement matérialiste qui prévaut partout, selon laquelle « au début était le troc » avec sa suite formatée : « et un jour c'est devenu trop compliqué, et on a inventé la monnaie ». Peu importe qu'aucun archéologue n'ait jamais trouvé trace d'une économie entièrement organisée sur le principe du troc... Peu importe que chacun puisse constater que lorsqu'on lance une association, les membres ne se précipitent pas pour savoir ce qu'ils peuvent échanger contre leur stylo ou leurs chaussures... La vision matérialiste du groupe qui prévaut actuellement est fondée sur le postulat historiquement erroné selon lequel tout commence par le troc, dont la monnaie ne serait que le substitut.

Quand un groupe se constitue, quelle qu'en soit la raison, il y a deux façons extrêmement différentes d'observer le début de son fonctionnement. La vision « économiste » de ce commencement est l'échange des avoirs ; toutes les écoles économiques considèrent la monnaie comme un « avoir ». Ce postulat, fondamentalement faux et néanmoins jamais remis en cause, affadit considérablement toutes les disputes entre les différents courants d'économistes.

D'un point de vue sémantique pourtant, le concept d'avoir ne fait pas partie de la liste des 200 notions universelles de la lexicostatistique mondiale, et elle est apparue récemment dans le vocabulaire des langues européennes et demeure inexistante dans la majorité des autres langues.

L'approche réaliste consiste à comprendre que la monnaie est fondée sur l'échange entre des êtres, et non sur l'échange des avoirs. Un groupe se constitue parce qu'il a un but, que ce soit voyager, se défendre, se reproduire, se nourrir, attaquer, promouvoir ou abattre. À l'intérieur de ce groupe, chacun a la charge de donner le meilleur de lui-même pour la réussite du but commun. Le don de soi et l'accueil de l'autre sont les bases sur lesquelles se construit un groupe ; le lien social en détermine l'objet et la limite. Dans tout groupe qui prend de l'importance, la tendance au farniente et au « laisser travailler les autres » s'insinue. Le groupe commence alors par rappeler à l'ordre les récalcitrants puis de guerre lasse, impose la contrainte ou… génère la monnaie. La monnaie devient un stockage d'énergie humaine, de travail reconnu par le groupe.

Selon cette conception, la quantité de monnaie ne peut croître qu'en fonction de l'accroissement de ses utilisateurs, car si on la multiplie autrement, elle se dévalue automatiquement. À cet égard, la forme principale que prenait la monnaie en Europe avant l'apparition des pièces était le bétail[117] ; cette forme prise par la monnaie présentait l'avantage de s'ajuster exactement aux capacités et aux besoins des populations qui en prenaient soin.

(3) La monnaie est historiquement un concept de nature institutionnelle

La monnaie en tant que concept a précédé le troc dont elle n'est pas l'héritière. La fonction monétaire a également précédé l'arrivée des pièces de monnaies. La monnaie, qui n'est assimilable ni à l'opération privée de troc ni à la propriété de pièces incarnées dans un métal précieux, est, ab initio, un concept de nature institutionnelle et hiérarchique.

(a) La monnaie a précédé le troc, elle n'en est pas l'héritière

Contrairement à ce qui est généralement enseigné, le troc n'est pas à l'origine de la monnaie[118]. En effet, le troc, auquel les gens ont, et ont toujours eu, recours dans certaines circonstances particulières, ne permet pas la fluidité des échanges ; il n'a historiquement jamais été institué en tant que modalité générale d'échange.

Le postulat, généralement admis, selon lequel le troc aurait précédé des échanges monétarisés est faux. L'archéologie a trouvé depuis environ un siècle, l'expression

---

117 Vieil anglais *feoh* « bétail, biens meubles ; monnaie » du proto-germanique **fehu-* (source du vieux Saxon *fehu*, vieux haut allemand *fihu*, allemand *Vieh* « bétail », gothique *faihu,* « monnaie, fortune »). L'origine de tout cela se trouve dans la racine PIE **peku* – « petit bétail à poils **pek* » (également source du sanskrit *pashu*, du lituanien *pekus* « bétail » ; du latin *pecu* «bétail», *pecunia* « monnaie, propriété »).

118 Cf. http://www.tvlibertes.com/2016/11/28/11569/repenser-discours-dominant-monnaie-banques à partir de la minute 14

d'une monnaie de compte standardisée dès les plus anciens témoignages connus de procédures d'échange, c'est-à-dire, dès la période protohistorique de Sumer et de la vallée de l'Indus, 4000 ans avant notre ère.

Là où il n'y a pas de preuve d'utilisation de monnaie, la croyance dans « le troc précurseur » est également fausse si l'on veut bien tenir compte du fait que les échanges étaient régis par le don et le contre-don ; il s'agit d'échange entre des êtres, comme l'a si bien montré l'anthropologue et professeur au Collège de France, Marcel Mauss. Ce dernier a souligné que le « donner-recevoir-rendre » nourrissait le lien social et était un « fait social total » à dimensions culturelle, économique, religieuse, symbolique et juridique. Or, le don et le contre-don utilisaient déjà des formes monétaires comme par exemple en Europe, où le bétail était utilisé comme monnaie (sanskrit *pashu*, latin *pecus*, germanique *fehu*).

Nous avons ici un exemple du caractère doctrinal de la « science économique » qui refuse d'intégrer les connaissances issues d'autres sciences lorsque celles-ci remettent en cause ses propres postulats.

(b) La fonction bancaire a précédé l'invention des pièces de monnaie

D'un point de vue historique, la fonction bancaire a précédé l'arrivée des pièces d'or. La présentation selon laquelle la monnaie serait par nature l'or est fausse. La monnaie est, ab initio, un concept de nature institutionnelle et hiérarchique.

(i) La fonction bancaire précède l'incarnation matérielle de la monnaie dans des pièces

« Fixer des prix, estimer des valeurs, imaginer des équivalents, échanger, tout cela a préoccupé à tel point la pensée primitive de l'homme qu'en un certain sens, ce fut la pensée même. » (F. Nietzsche)

Dès avant la monnaie circulante sous forme de pièces d'or, il existait une monnaie archétypale sous forme de mesures normées, lesquelles étaient utilisées comme unités de compte. Certaines faisaient référence à des choses concrètes (poids de métal, mesure de grain, de liquide, tête de bétail), d'autres étaient abstraites (journée de travail). Notre mot désignant le temps a gardé la trace dans son étymologie de son utilisation en tant que monnaie, puisque le mot « temps » provient de la racine *tem qui signifie « diviser, couper ». Ainsi par exemple : une maison valait trois ans, une corbeille deux semaines, ce qui dans les registres des temples ou des palais, avait purement et simplement valeur monétaire.

Pour autant que les méthodes historiques nous permettent d'en juger, la résolution des problèmes posés par les échanges et par l'administration des biens a été à l'origine des techniques les plus abstraites qui aient été inventées par l'homme, à savoir l'écriture et la comptabilité. Les banques ont existé bien avant l'invention des pièces de monnaie.

Les premiers écrits de l'histoire sont des tablettes de comptabilité découvertes en Mésopotamie, et remontant au IVe millénaire avant notre ère. Chacun sait que l'écriture fut inventée à Sumer, mais peu savent que cette invention a été mise au point par des régisseurs et des comptables, qui ont progressivement mis au point un moyen d'enregistrer des entrées et des sorties de biens à partir des palais et des temples auxquels ils étaient attachés. 90 % des tablettes sumériennes consistent en des listes et des descriptions de marchandises, ainsi qu'en des livres de comptes.

Il en est de même dans le monde indo-européen, par exemple à Mycènes, où les tablettes écrites en grec (linéaire B) sont également des tablettes de comptabilité, écrites par des scribes au service du roi, maniant une écriture très compliquée et de ce fait infalsifiable.

« L'homme a rédigé des bilans et des états avant de noter ses annales ; établi des bordereaux de paiement avant d'écrire ses hymnes. »[119] Les documents retrouvés attestent qu'à partir du IVe millénaire avant notre ère, dans la région de la ville de Sumer (la Chaldée où devait naître Abraham) existait une société fortement centralisée par une bureaucratie d'état où régnait une intense activité économique. Les lois d'Eshnunna, antérieures à celles d'Hammourabi, mentionnent par exemple le contrat de dépôt. Les plus anciens contrats de prêt établis par les sanctuaires datent de l'époque paléo-babylonienne et notamment de l'époque d'Abi-Saré (- 1905 / - 1895).

119 Cf. R. Bogaert, *Les origines antiques de la banque de dépôt : une mise au point accompagnée d'une esquisse des opérations de banque en Mésopotamie*, éditions Sijthoff, 1966.

Les formulaires des contrats de prêt mentionnaient, selon le même modèle :

« 1) La nature et le montant de la chose prêtée
2) Le taux de l'intérêt
3) Le ou les créanciers
4) Le ou les débiteurs
5) La formule *shuba-anti* (il a pris)
6) La date du prêt et du remboursement
7) Les témoins
8) L'année du document »[120]

On peut se rendre compte au moyen de l'analyse de ces documents, qu'à cette époque, les hommes disposaient de toutes sortes d'unités de mesure (grain, sicle, mine) en lesquelles s'exprimaient les valeurs et les intérêts ! Les prêteurs étaient généralement les dieux eux-mêmes, en général Shamach, dieu du soleil et de la justice, et en second lieu Sin (Nanna), dieu de la lune ; les emprunteurs étaient des particuliers, de pauvres paysans ou quelquefois des commerçants qui empruntaient des montants plus importants pour leurs entreprises.

Toutes ces opérations, courantes à notre époque, sont inconcevables et impossibles sans monnaie. Elles existaient pourtant déjà il y a 5 000 ans.

(ii) La présentation selon laquelle la monnaie serait par nature l'or est fausse : la monnaie est, ab initio, un concept de nature institutionnelle et hiérarchique

De multiples illustrations du phénomène monétaire en tant qu'instrument de sécurisation des échanges parcourent les siècles et les civilisations. La monnaie a ainsi pris, au cours du temps, différentes formes allant du bout de bois (« tally stick »[121] en usage dans l'Angleterre médiévale) à du simple papier dont la valeur strictement symbolique est assise sur la seule confiance ; citons à cet égard « l'effet colonial » (colonial script) utilisé jusqu'en 1775 en Pennsylvanie ou les « greenbacks »[122], en usage pendant la guerre civile américaine. Il faut ici d'ores et déjà préciser que le type de monnaie ayant actuellement cours - monnaie fiduciaire,

120 Idem

121 Cf. http://www.bl.uk/collection-items/tally-sticks# ; https://en.wikipedia.org/wiki/Tally_stick

122 Cf. https://fr.wikipedia.org/wiki/Greenback_(billet)

dite fiat[123] - est également fondée sur la seule confiance de ses utilisateurs mais cette confiance est fondamentalement viciée par le fait que la monnaie n'est pas émise par l'autorité publique légitime mais qu'elle est au contraire, issue de puissances privées qui ont usurpé la fonction publique.

Sur le thème de « la monnaie serait fondée sur l'or », on trouve, très souvent citée, une fable d'origine grecque mettant en scène Crésus. Selon cette histoire, Crésus serait l'inventeur mondial de la monnaie, laquelle serait entièrement incarnée dans l'or. L'histoire est liée à Dionysos et au roi Midas. La première monnaie grecque frappée a été liée symboliquement à Dionysos, dont le nom signifie «plante de Dieu», allusion à la vigne. (*Διός* (génitif de Ζεύς, Zeus) et *νύσος, núsos*, plante). Dieu de la démesure et de l'ivresse, de la confusion et du chaos, qui s'était lié d'amitié avec le roi Midas, auquel il offrit un jour de formuler un vœu pour lui témoigner sa reconnaissance de lui avoir ramené Silène, un de ses compagnons qui perdait la mémoire tant il était ivre en permanence. Midas lui répondit : « Je souhaite que tout ce que je toucherai se transforme en or ». Chacun connaît la suite de cette histoire : le ravissement ne dura que le temps que Midas réalise qu'il ne pouvait désormais plus rien boire ni manger. Assumant sa bêtise et renonçant à sa cupidité pour survivre, il supplia Dionysos de lui fournir un remède. Dionysos lui dit d'aller se laver dans une rivière appelée « Pactole », ce qu'il fit aussitôt. La rivière se chargea alors du pouvoir donné à Midas ; la légende raconte que la rivière Pactole charrie, depuis ce temps-là, des pépites d'or. Crésus a alors eu l'idée de frapper des morceaux d'or provenant du Pactole où le roi Midas avait laissé son pouvoir dionysiaque de tout transformer en or.

La présentation consistant à montrer que la monnaie a toujours été liée à l'or et que sans or il n'y aurait pas de monnaie est fausse.

Bien avant Crésus, il fut une époque et des lieux où la monnaie était, comme aujourd'hui, tout à fait abstraite. Par exemple dans les cités-États du croissant fertile - au pouvoir politico-religieux très centralisé - comme Sumer, Uruk, ou Babylone. Car pour qu'il y ait monnaie, il faut nécessairement une relation hiérarchique séparant radicalement les émetteurs de la monnaie de ses utilisateurs, exactement comme de nos jours est opérée une nette distinction entre le secteur bancaire et les agents économiques. À cette époque-là, cette relation hiérarchique était assurée implicitement par le monopole de l'écriture

123 Cf. http://www.causes-crise-economique.com/monnaie_fiat.htm

aux mains des scribes, ainsi que par leur contrôle absolu par le pouvoir théocratique et royal. Les scribes enregistraient aussi dans les temples les emprunts et les prêts. Ce qui est très révélateur de cette relation hiérarchique, c'est que ces contrats de prêt mettaient en relation l'emprunteur directement avec le dieu du temple.

b. La monnaie a, en tant qu'institution, une valeur sociale mais pas de valeur économique car elle n'est pas un « bien »

La monnaie a une valeur sociale tirée de son acceptation par tous et de son utilité sociale. Elle n'a pas pour vocation de déterminer la valeur des choses, ni de s'immiscer dans l'acte contractuel d'échange.

(1) La monnaie a, en tant qu'institution, une valeur sociale mais elle n'est pas un bien valorisable

La monnaie a une valeur en terme d'utilité sociale qui provient du fait qu'elle répond à un besoin collectif d'organisation des rapports humains. En revanche, la monnaie n'a pas de valeur économique car elle n'est pas un « bien », elle est une institution.

(a) La monnaie est une institution, elle a une valeur en termes d'organisation sociale

La valeur de la monnaie réside dans le fait qu'elle est un instrument juridique de médiation, institué par le pouvoir politique pour faciliter les échanges ; sa valeur provient du fait qu'elle est un instrument accepté par tous. Il en résulte que la valeur de la monnaie est d'ordre social et non d'ordre commercial comme le serait un « bien ». La valeur d'un bien provient de l'utilité sociale de ce bien en vue de l'échange qu'il permettra, lequel échange sera monétairement valorisé, c'est-à-dire traduit en monnaie.

D'une façon générale « la valeur » [124] est définie par la mise en présence simultanée des deux relations syntagmatiques[125] suivantes :

1) une chose dissemblable susceptible d'être échangée contre celle dont la valeur est à déterminer ;

2) des choses similaires qu'on peut comparer avec celle dont la valeur est en cause.

Ces deux facteurs sont nécessaires pour l'existence d'une valeur. Toutes les « valeurs » sont régies par ce principe paradoxal.

Ainsi, en reprenant l'exemple de la monnaie « temps », utilisée au Moyen-Orient antique, pour déterminer ce que valait une journée, il fallait savoir :

1) que l'on pouvait échanger cette journée contre une quantité déterminée d'une chose différente, par exemple une certaine quantité de pain ;

2) que l'on pouvait la comparer avec une valeur similaire du même système (par exemple une semaine, une demi-journée) ou avec une monnaie d'un autre système (une jarre d'orge, un poids de métal, etc.)

La valeur du temps n'était donc fixée que pour autant que l'on admettait qu'une quantité de temps pouvait être « échangée » à la fois contre des biens ou des services, et contre une autre monnaie de compte telle qu'une quantité de grains, ou de bétail. Exactement de la même façon qu'aujourd'hui, un euro peut être échangé contre des biens réels tout autant que contre d'autres unités monétaires, telles que des dollars par exemple. De ce fait, la notion de temps était vidée de tout contenu intrinsèque et n'était vraiment déterminée que par le concours de ce qui existait en dehors d'elle dans la même fonction. Faisant partie d'un système d'étalonnage des biens, le temps avait ainsi été dépouillé de toutes ses dimensions et qualités réelles ; il avait ainsi été utilisé, non pas par rapport à sa signification réelle, mais comme un pur instrument de valeur.

124 Voir le cours de linguistique générale de Ferdinand de Saussure, fondateur du structuralisme, qui est un mode d'explication de certains aspects du réel par un ensemble formel de relations, formant une organisation implicite, un fondement objectif en deçà de la conscience et de la pensée.

125 Syntagmatique signifiant que la structure est organisée selon une grammaire ou une algèbre comme le langage est organisé suivant des règles morphologiques et grammaticales par opposition aux processus mnémoniques et cognitifs qui sont encryptés dans les esprits humains, et qui forment le paradigmatique.

La dichotomie entre le signe et le réel implique aussi une autre dichotomie, plus profonde : le contenant n'est pas le contenu, le signifiant ne se confond pas avec le signifié. La liaison entre ces deux mondes constitue l'objet de la théorie de la signification et de la valeur en linguistique, tout autant que la théorie de la valeur en économie. La linguistique et l'économie ont en commun d'opérer un découpage simultané à la fois des phénomènes signifiés et de leur contenu conceptuel ; ces deux disciplines ont toutes les deux recours à une théorie de la signification pour réunir les deux faces du signifiant et du signifié.

Dans ce contexte, le temps pris en qualité de monnaie de compte, ne signifie quelque chose que par rapport à l'ensemble de la théorie économique : son utilité marginale, dans le cadre de la théorie de la consommation, son coût marginal pour la théorie de la production, ou les deux à la fois dans l'analyse de l'équilibre général. Tout dépend du segment théorique dans lequel le temps est inséré. C'est donc sur le terrain balisé par les deux sciences modernes que sont la linguistique et l'anthropologie culturelle, que le paradigme de la monnaie institution peut être revisité.

Nous retrouvons ici les fondamentaux de la rhétorique, en particulier la métonymie qui consiste à désigner un objet par un autre terme que celui qui convient, en l'occurrence le temps. Si le temps a pu être utilisé comme étalonnage à des fins monétaires, celui-ci n'est évidemment pas réductible à la monnaie, pas plus que la monnaie n'est réductible au temps. Le manque de vigilance intellectuelle induit la propagation d'idées fausses contribuant à organiser la vie collective dans un paradigme de réalité virtuelle ; se profile ici le spectre d'un monde orwellien dans lequel personne ne trouve de véritables repères.

La connaissance de la rhétorique permet de remettre les choses à leur bonne place : l'usage d'un mot lorsqu'il est utilisé à des fins rhétoriques ne signifie pas la réalité immédiate à laquelle il renvoie. S'agissant de monnaie, la valeur correspond à son utilité sociale, plus précisément au fait que la monnaie est un instrument de mesure des biens et des services.

La valeur de ces biens et services n'est pas définie par la monnaie ; pas plus que le temps, parfois utilisé en tant que monnaie comme étalonnage de la valeur, n'est en soi une valeur monnayable.

(b) La monnaie, qui n'est pas un « bien », n'a pas de valeur économique, contrairement aux postulats de la gestion financière

Il n'y a que dans les livres d'alter ou d'anti-économie que l'on trouve une vraie définition de la monnaie : « La monnaie est l'ensemble de signes symboliques convenus au sein d'une société pour y représenter des valeurs d'échange »[126]. Toutefois, les auteurs de ces ouvrages n'expliquent pas « pourquoi et comment » ces « signes symboliques convenus » ont la capacité de représenter de la valeur.

La croyance commune, qui se fonde sur des apparences, comme la science économique orthodoxe[127] qui se fonde sur une vision comptable tronquée, font de la monnaie un actif net. Cette conception vient du fait que la monnaie n'est considérée que du seul point de vue de la gestion financière ; c'est-à-dire du seul point de vue de l'encaisse qu'elle représente.

Ce qui revient à dire que la croyance populaire, autant que la « science économique », confondent la notion de « position de trésorerie »[128] - qui est l'une des deux composantes de l'image comptable de la monnaie, avec la « nature » de la monnaie. Pareille confusion est soigneusement entretenue par la doctrine libérale, qui justifie l'existence des marchés de l'argent à travers « la théorie des encaisses ».

(2) La monnaie n'a pas pour vocation de déterminer la valeur des biens ou des services

La monnaie, acte d'autorité, est une institution ; sa valeur collective est tirée de son utilité sociale. Cette valeur sociale provient du fait de son acceptation par tous comme étalonnage de la valeur des biens et services.

La monnaie permet la valorisation des richesses. Un même bien peut en effet être considéré soit comme une richesse, soit comme un encombrant ; il en va ainsi des objets anciens récupérés par des brocanteurs ou encore des déchets qui seront

126 André-Jacques Holbecq et le cercle des économistes citoyens, *Argent, dettes et banques*, éditions Yves Michel, 2010, 140 p.

127 Qui fait, dans ce domaine, une exception grave et majeure à la théorie de la valeur sur laquelle elle repose.

128 Le cumul des disponibilités nettes positives.

réutilisés pour fabriquer de l'énergie. La monnaie permet la valorisation de tels biens en raison de la possibilité d'échange qu'elle offre.

L'État, qui encadre et favorise les échanges, ne doit pas intervenir dans la substance (détermination de la chose et du prix) du rapport contractuel, qui est d'ordre privé. S'agissant des échanges, le rôle de la puissance publique est double :

1) permettre en amont leur fluidité et,

2) organiser juridiquement, en aval, la sanction sociale des échanges viciés (vice du consentement de l'un des cocontractant, vice caché du bien reçu en échange de la somme d'argent etc.).

Il faut d'ailleurs préciser que cette position est également liée à l'impossibilité pour l'État de déterminer la valeur des biens et services, qui fluctuent en fonction du contexte général et de la position des cocontractants. Ces paramètres ne pouvant pas être appréhendés de façon sûre et stable par l'État, celui-ci doit se garder de toute intrusion dans ce domaine.

Les biens ou services n'ont pas de « valeur objective » car celle-ci est toujours dépendante d'une part, du contexte social et économique dans lequel les cocontractants évoluent et d'autre part, du rapport de force qui existe entre le vendeur et l'acheteur. La valeur des biens, comme celle des services, n'est jamais définitivement figée, elle est contingentée par les besoins d'une société à une époque donnée dans des conditions de développement socio-économiques particulières. L'énergie (nucléaire, électrique ou issue de l'extraction du pétrole et du gaz) a aujourd'hui une valeur qui n'existait pas à l'ère préindustrielle et à celles qui les ont précédées, tout simplement parce que ce type d'énergie était inconnu et donc inutile aux sociétés en question. De la même façon, le service de garde d'enfants, aujourd'hui « sous tension » dans les pays dits développés, dans lesquels les mères travaillent à l'extérieur, ne saurait avoir la même valeur dans une société où les mères organisent leurs activités sociales avec la présence de leurs enfants. La valeur d'un téléphone portable, instrument essentiel de communication, disparaîtrait totalement en cas de perturbations électromagnétiques durables rendant impossible l'émission ou la réception des ondes cellulaires et satellitaires.

L'échange de biens et services est également contingenté par le rapport de force existant entre le vendeur et l'acquéreur. Celui qui a le plus besoin du bien ou service en question est en effet, de façon structurelle, en position de faiblesse vis-à-vis de son interlocuteur qui peut donc en profiter pour surenchérir la mise, créant par là-même des tensions sociales, sources d'émulation sociale. Il faut en effet considérer que la position d'un contractant est très fluctuante dans le temps et dans l'espace : tel contractant en état d'infériorité sur telle transaction se trouvera, le jour même ou le lendemain, en position de supériorité sur telle autre, impliquant ou non le même cocontractant. L'État, qui doit réguler les excès en organisant les sanctions de la fraude, ne doit en revanche pas interférer dans la position des cocontractants. Il faut préciser que cette assertion est actuellement faussée par l'existence de classes sociales qui mettent de façon radicale et quasi définitive certaines catégories d'individus en position économique d'infériorité systématique. Toutefois, l'existence de classes sociales figées est intimement liée au fonctionnement défectueux du « fait monétaire » et du « fait politique ». Nous émettons l'hypothèse, qui est un postulat, selon laquelle l'alliance d'une saine conception de la monnaie avec un fonctionnement rénové de l'État, tels que décrit dans cet ouvrage, rééquilibrera de façon structurelle les relations sociales de sorte qu'aucun individu ne sera durablement et/ou définitivement, en position économique de faiblesse.

Dans le rapport d'échange, l'État doit intervenir pour mesurer ce dernier et favoriser ainsi la multiplication des échanges ; il ne doit en revanche pas intervenir, car il ne pourrait pas le faire de façon satisfaisante, pour fixer la valeur des biens et services.

c. Techniquement, la monnaie est un vecteur juridique acté en comptabilité

Historiquement, le concept de monnaie a été inventé afin de sécuriser, et ainsi fluidifier, les échanges de biens et services. Dit autrement, la monnaie est une forme d'instrument de mesure des échanges destiné à les stabiliser et à les sécuriser, ce qui a pour effet direct de les faciliter. Parce qu'elle s'impose à tous, la monnaie confère une fluidité juridique aux échanges. Seule la monnaie instituée en respect de sa nature permet une monnaie efficace, c'est-à-dire une monnaie apte à remplir son rôle de régulateur social. En effet, une monnaie qui remplit son rôle a pour effet collatéral de pacifier la vie en société, ce qui est précisément la fonction politique du gouvernement.

D'un point de vue technique, la **monnaie-institution** peut être qualifiée de structurale.

L'image comptable de la monnaie, dans le contexte de l'enregistrement en partie double, a rendu possible un dangereux glissement conceptuel tendant à assimiler la monnaie à un « bien » ; néanmoins, en comptabilité comme ailleurs, il ne faut pas confondre apparence et réalité.

(1) Vecteur juridique institué par un acte d'autorité, la monnaie peut être qualifiée de « structurale »

D'un strict point de vue comptable, la création monétaire est enregistrée à la fois à l'actif et au passif d'un bilan bancaire : elle est une dette-créance, c'est-à-dire un objet de nature double. La monnaie a pour autre caractéristique technique que la banque émettrice ne se dépossède de rien en l'émettant, c'est-à-dire en la mettant, contre intérêts, à disposition de l'économie[129]. La monnaie actuelle n'est donc pas similaire aux lettres de change[130] du Moyen Âge, qui étaient causées par de véritables achats de marchandises, et qui circulaient en lieu et place d'une monnaie métallique (autre marchandise) pour des raisons de sûreté, de commodité, et pour tourner l'interdit du prêt à intérêt, dissimulé dans le fructueux « commerce des changes ».

Objet de nature double, toute la monnaie disponible actuellement dans le monde a une durée de vie limitée, puisqu'elle est destinée à disparaître, d'une manière symétrique à son apparition dans les comptes des banques, le jour où l'emprunteur rembourse son prêt.

Techniquement, l'argent ainsi créé s'analyse en une opération suspensive de crédit, non dénouée, enregistrée comptablement par un accroissement symétrique de l'actif et du passif des banques au moment de son émission (lorsqu'elles émettent des crédits), et authentifiée par celles-ci au nom d'un agent économique, ou d'une autre banque. Les remboursements de crédits consistent en une diminution de l'actif et du passif, qui détruisent ou résorbent la monnaie ainsi créée. La monnaie ainsi conçue est donc un objet éphémère qui n'a d'existence que par les relations dont il est composé.

---

129 Bernard Schmitt, *Théorie Unitaire de la Monnaie Nationale et Internationale*, éditions Castella, 1978.

130 Les lettres de change, réservées aux marchands en gros et aux banquiers, étaient originellement des ordres de paiement payables sur une place différente du lieu où ils étaient émis, qui précisaient par qui, en quelle monnaie ou en quelle marchandise, en quelle quantité et à quel cours de la contrepartie reçue au moment du tirage de la lettre. Leur bénéfice n'était connu qu'au moment du débouclage final de l'opération.

Dans l'aperçu historique, nous avons caractérisé l'apparition de la monnaie dans l'histoire comme une invention d'ordre sémiologique, qui a institué un nouveau rapport de type égalitaire par rapport à une entité émettrice, qui à la fois participe aux règles qu'elle impose, et peut s'en affranchir. Cette particularité est caractéristique d'une relation hiérarchique.

Représentation de la monnaie

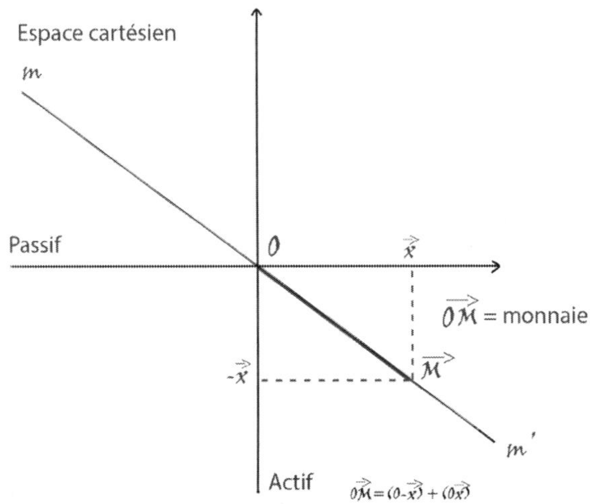

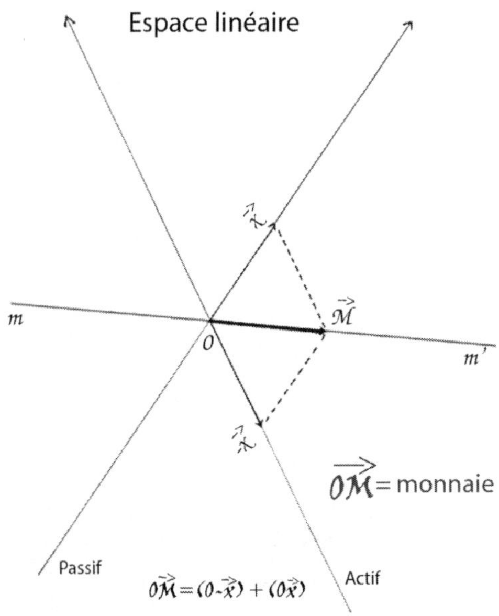

Les schémas ci-contre sont des homologies géométriques de la dimension horizontale de la monnaie, composée de deux relations, active et passive, enregistrées dans les bilans des banques commerciales et ensuite circulant entre banques à travers la mécanique des comptes nostri/lori.

Les usagers non financiers n'en connaissent jamais qu'une demi-part, inscrite dans leurs comptes bancaires.

Le schéma 1 est une homologie dans un repère cartésien, qui est imparfaite, car le vecteur résultant mesure $x\sqrt{2}$, alors que le schéma 2 en donne une homologie parfaite, le vecteur M étant égal à $|x|$.

Le cumul de tous ces vecteurs représente la masse monétaire, qui est une grandeur vectorielle, et non scalaire.

Cette innovation sémiologique se note comptablement par une écriture d'actif-passif au bilan de l'émetteur, quelle que soit la nature de la monnaie créée, métallique, fiduciaire, scripturale, électronique. La monnaie a toujours été un objet constitué de relations, celles-là mêmes qui sont notées par l'écriture comptable, (relation de confiance en l'emprunteur à l'actif bancaire et relation de croyance en la banque par le public au passif bancaire) auxquelles viennent s'ajouter les relations d'hétéronomie et de hiérarchie, nécessaires pour que l'actif-passif global soit accepté comme instrument de circulation des biens.

L'ensemble de ces relations munies de leur système de fonctionnement, qui, en l'occurrence est une structure algébrique de groupe commutatif, fait partie intégrante du signifié de toute monnaie.

Cependant, la structure de groupe commutatif, suffisante pour rendre compte de l'intégration de la monnaie en économie, ne peut rendre compte d'un autre type d'intégration de la monnaie, lorsque celle-ci devient elle-même objet d'une opération sur elle-même telle que dans un contrat de prêt à intérêt, ou dans un contrat de change par exemple. Ces opérations font appel à un opérateur extérieur appelé taux (taux d'intérêt, taux de change) qui implique l'utilisation du produit (noté x ou *).

Cette opération du produit doit donc être intégrée à la structure algébrique de groupe commutatif et un certain nombre d'axiomes doivent y être ajoutés pour rendre compte de ces opérations.

Rappelons que l'objet sémique que nous modélisons par l'algèbre a bien été créé en partie double. Il aura donc pendant toute son existence cette structure duelle traduisible par la notion mathématique de couple. Toute monnaie nominale est représentable par un couple de nombres opposés (a, -a) appartenant à R^2 (R x R) créés lors de l'enregistrement comptable initial dans la comptabilité d'une banque quelconque.

Comment un objet symétrique par construction comptable, qui ne coûte rien à son émetteur, peut-il avoir une valeur ? Pour résoudre ce problème, nous devons nous extraire de la scolastique espagnole du XVe siècle, et nous demander ce qui permet concrètement à une économie d'être monétarisée ; c'est-à-dire ce qui permet de garantir que les promesses des uns et des autres peuvent être tenues, au-delà de cercles de confiance ou de communautés restreintes. Nous rencontrons d'abord et toujours le rôle de l'État. Toute monnaie est l'expression du pouvoir d'un État en tant qu'autorité publique. L'institution de la monnaie frappée a permis la consolidation de l'État, comme le suggère l'histoire de la Grèce antique à partir du roi Crésus et de ses imitateurs, qui ont marqué ce que l'on a appelé l'époque des « tyrans » dans les principales cités et colonies grecques. Grâce à ce pouvoir monétaire, un État impose toujours deux relations concomitantes caractéristiques d'une hiérarchie : une relation de subordination entre ses administrés et lui-même d'une part, et une isonomie[131] de ses administrés d'autre part.

C'est la raison pour laquelle la monnaie sera dite « structurale ». La monnaie peut en effet être conceptualisée clairement sous la forme d'une structure, dans tous les sens du terme :

– Structure dans le sens de combinaison ou assemblage d'éléments interdépendants, dont la globalité représente une ou plusieurs fonctions non contenues dans aucune des parties élémentaires. Pour qu'il y ait monnaie, il faut avant tout une organisation étatique, ainsi que des banques (lieux où sont consignées des écritures comptables ayant valeur juridique) et des utilisateurs. Ces trois éléments permettent d'établir des relations descriptibles en termes de flux.

– Structure dans le sens de l'existence d'un ensemble d'éléments qui n'existent et ne se manifestent que par des relations de dépendance mutuelle. L'État est lui-même l'expression de multiples intérêts (politiques, culturels, sociaux, juridiques, économiques) qui déterminent une référence transcendantale à la configuration structurale génératrice de l'institution monétaire.

L'institution monétaire comporte d'une part une relation hiérarchique et d'autre part, une relation d'hétérogénéité[132] qui est une opposition distinctive entre les organismes autorisés à créer de la monnaie et les utilisateurs de cette monnaie. Cette seconde relation est instituée par le pouvoir régalien et la législation spéciale qui institue le système bancaire.

Voilà les paradigmes de toute monnaie. Ils constituent ce que l'on peut appeler son axe paradigmatique, l'axe de ses fondements.

En opposition à cet axe vertical, la simultanéité, l'égalité et l'indissociabilité des deux composantes « actif et passif » de la création monétaire, définit un autre axe, horizontal : l'axe syntagmatique[133] de toutes les interactions possibles.

131 Isonomie : égalité devant la loi

132 L'État ne s'identifie pas au système monétaire, lequel ne peut s'auto-instituer seul, mais qui doit aussi s'autonomiser par rapport à l'État.

133 Syntagmatique signifiant que la structure est organisée selon une grammaire ou une algèbre.

C'est à ce niveau que la structure s'enrichit d'un ensemble de propriétés mathématiques.

Il s'agit d'une structure algébrique d'espace vectoriel[134] , dont les conséquences et applications multiples sont largement exploitées par les banques, mais restent à explorer et à analyser par le législateur, notamment pour mettre en place un meilleur encadrement des systèmes de comptabilité et des nouveaux instruments de paiement qui intègreront, dans leur conception, la structure algébrique d'espace vectoriel aux deux dimensions d'actif-passif.

Le respect de la double dimension actif-passif de la monnaie est de la plus haute importance : de son application intégrale dépend l'égalité devant la monnaie (l'isonomie) entre tous les utilisateurs.

Tout cela peut se synthétiser par le schéma ci-dessous :

<table>
<tr><th colspan="2">Réalité monétaire</th><th>Enregistrement comptable</th></tr>
<tr><td colspan="3">Hétérogénéité</td></tr>
<tr><td colspan="2">Banques</td><td rowspan="2">comptabilisation vectorielle définie par agrégation des couples (a,p) avec actif = passif</td></tr>
<tr><td>Actif</td><td>Passif</td></tr>
<tr><td colspan="3">Hiérarchie</td></tr>
<tr><td>Utilisateurs

Banques</td><td>Utilisateurs autres que Banques</td><td>Différence d'appréciation de la monnaie :
- Pour les utilisateurs non bancaires : la monnaie ainsi créée est une dette ;
- Pour les banques : la monnaie ainsi créée est aussi un actif</td></tr>
<tr><td colspan="2">L'égalité devant la monnaie devient théorique</td><td>L'enregistrement comptable de la création monétaire créé une distorsion : les banques et les autres acteurs ne sont pas au même niveau hiérarchique : la création de richesse pour les uns (banques) devient création de dettes pour les autres (utilisateurs non bancaires)</td></tr>
</table>

comme le langage est organisé suivant des règles morphologiques et grammaticales par opposition aux processus mnémoniques et cognitifs qui sont encryptés dans les esprits humains.

134 « Vecteur » vient du latin *vehere* (conduire, transporter).

La réalité selon laquelle, en matière de création monétaire, les banques se situent au-dessus non seulement des utilisateurs ordinaires de la monnaie mais également des États eux-mêmes, a été juridiquement « consacrée » par l'article 104 du traité de Maastricht, devenu l'article 123 du TFUE[135] issu du traité de Lisbonne (ancien article 101 du Traité constitutionnel européen). Cet article nie, en matière de création monétaire, la suprématie de l'État sur les banques et instaure tout au contraire la suprématie des banques sur l'État. Cet article interdit aux banques centrales des États membres de l'Union européenne ainsi qu'à la Banque centrale européenne d'accorder des « découverts ou tout autre type de crédit » aux États ainsi qu'à tout type d'institution publique. Le second point de cet article dispose que seuls les établissements bancaires (publics ou privés) peuvent recevoir des prêts des banques centrales. À la faveur de quoi ces mêmes banques privées pourront financer les États, les organismes publics, les entreprises et les particuliers en leur accordant des prêts moyennant intérêts. Les États et leurs citoyens se trouvent donc placés dans une situation de dépendance à l'égard des banques, et de soumission pour la détermination du niveau des intérêts applicables à la loi du marché.[136]

Les États ont, à la faveur des institutions européennes, définitivement perdu l'émission et le contrôle de leur monnaie, qui échoient aux banques centrales, lesquelles sont une émanation des différentes oligarchies occidentales.

La relation hiérarchique institutionnelle inhérente à la fonction monétaire et qui place l'État au-dessus de tout autre organisme a été supprimée, mettant dès lors la monnaie sous le contrôle d'intérêts privés. Cette relation hiérarchique gênait évidemment les conceptions libérales classiques. Les auteurs libéraux, stipendiés à un titre ou à un autre du « pouvoir économique », ont donc répandu la fable selon laquelle la monnaie aurait été instituée en remplacement du troc (contraire à la réalité historique), afin de justifier le transfert de l'émission monétaire de l'État aux banques. Niant par la même occasion le fait que l'existence de toute monnaie est d'abord la conséquence d'une décision et d'un acte de la puissance publique. Ainsi l'euro existe parce que les États (détournés de leur fonction politique par les tenants du pouvoir économique, ces États ont l'apparence formelle d'État mais n'en ont pas la substance juridique et politique) de l'Union européenne obligent

135 Cf. http://eur-lex.europa.eu/legal-content/FR/TXT/?uri=uriserv:O-J.C_.2016.202.01.0001.01.FRA&toc=OJ:C:2016:202:TOC#C_2016202FR.01004701

136 Ce marché est une escroquerie car il est en réalité autocontrôlé par les oligarchies qui participent aux décisions des banques centrales, il ne répond donc pas aux conditions d'existence d'un authentique « marché ».

les habitants de l'Europe à le reconnaître comme signe d'un droit à obtenir des biens ou des services offerts à la vente sur le territoire qu'ils contrôlent.

La situation économique et monétaire critique actuelle est advenue par la renonciation des États européens à leur souveraineté monétaire millénaire, qui, rappelons-le, s'est effectuée par l'article 104 du traité de Maastricht. Ils se trouvent ainsi, comme l'euro lui-même, et d'une façon inédite dans l'histoire, sous la domination de marchés financiers manipulés par les banques centrales et les intérêts privés qui les contrôlent.

(2) La technique comptable de l'enregistrement en partie double a rendu possible le dangereux glissement conceptuel consistant à assimiler la monnaie à un bien

La transcription comptable enregistre de la même façon une créance et un bien. D'un point de vue technique les choses se passent de la façon suivante : à l'instant précis d'une création monétaire par l'émission d'un prêt à une personne quelconque, la banque enregistre simultanément sa créance à l'actif et sa propre dette à l'égard de la même personne au passif. Dans ce cas, la colonne du passif ne sert pas à enregistrer une sortie, mais à enregistrer la création de ce qui, en droit, est considéré comme une obligation.

L'enregistrement d'un lien contractuel au moyen de la comptabilité en partie double présente l'avantage de transcrire les deux points de vue de la banque émettrice du prêt et de l'emprunteur.

Toutefois, parce que la comptabilité en partie double enregistre les obligations exactement de la même façon que les biens, s'est peu à peu produit le glissement conceptuel consistant à assimiler un droit personnel avec un droit réel. En d'autres termes, l'hérésie juridique consistant en l'assimilation d'un droit personnel (issu d'un lien contractuel) avec un droit réel (droit de propriété sur un bien) a été rendue possible par l'illusion créée par la comptabilité en partie double.

En circulant de compte en compte sous la même forme qu'un bien, le lien contractuel issu du « prêt bancaire » a bien malencontreusement été assimilé à un « bien » susceptible d'appropriation ; en réalité, la transcription comptable d'un prêt ne fait que traduire en termes comptables imparfaits une transaction juridique entre deux parties (la banque et l'emprunteur). La transcription comptable de la réalité juridique est source de confusion. L'obligation contractuelle réciproque résultant de la transaction de prêt n'a pas de valeur en soi, elle ne vaut que ce que vaut la capacité du débiteur : d'une part, la capacité de la banque, à honorer sa parole et à fournir la disponibilité de l'argent et d'autre part, la capacité de l'emprunteur à rembourser sa dette (principal et intérêts compris).

L'image créée par la traduction comptable d'une opération a engendré une confusion sur la nature même de l'opération. En comptabilité comme ailleurs, « l'habit ne fait pas le moine » et la réalité juridique sous-jacente est souvent bien différente de l'apparence comptable, laquelle peut être dangereusement trompeuse. Juridiquement, aucune confusion n'est possible entre un rapport contractuel relevant du droit des obligations et le pouvoir qu'a une personne sur un bien, qui relève du droit des biens. Politiquement, il ne saurait être question, dans un monde libre, d'assimiler un rapport contractuel à un bien susceptible d'appropriation. En décider autrement revient à remettre au goût du jour le principe de l'esclavage dans lequel les individus sont considérés comme des « biens » appropriables.

S'agissant de création monétaire, le flou généré par la transcription comptable d'une créance juridique est conforme aux intérêts bancaires qui considèrent la créance du seul point de vue de la gestion financière. L'image comptable trompeuse, qui a pour conséquence une confusion juridique sur le sens profond des choses, est instrumentalisée à des fins de prise de pouvoir juridique et politique par les détenteurs du « pouvoir économique ». Elle est très dangereuse pour les utilisateurs de la monnaie qui vont, peu à peu, voir leur statut juridique évoluer vers l'esclavagisme légal : l'humain et les liens qu'il tisse devenant des « biens » appropriables par les banques.

Cette idée de l'image trompeuse qui apporte la mort n'est pas récente, elle peut être illustrée par l'histoire suivante : dans la légende de Dionysos, il y a aussi un autre événement symboliquement révélateur. Dionysos jeune fut séduit par les Titans, qui l'attirèrent parmi eux en lui montrant des objets fascinants parmi lesquels se trouvait un miroir. Pendant que Dionysos contemplait son image, les Titans l'ont frappé, tué, découpé en morceaux, puis mangé. Dionysos a reçu le coup fatal au moment où il contemplait son visage se reflétant dans le métal. Ce reflet ne serait-il pas semblable à la doublure de la réalité opérée par les pièces de monnaie qui se substituent aux choses ? De fait, Dionysos corrèle aisément les artifices mentaux, dont certains sont volontairement entretenus, qui occultent la réalité de la monnaie. Ils touchent au cœur de la civilisation occidentale, car ils concernent le problème du double, le problème de Dieu, le problème du pouvoir politique, le problème du réel et de l'irréel.

2. Les aléas politiques dus à l'incarnation matérielle de la monnaie

La monnaie est, par nature, un acte de facilitation des échanges édicté par la puissance publique. Elle doit, pour être effective, s'incarner dans un matériau. Ce phénomène d'incarnation a engendré la confusion, aujourd'hui fatale aux États, selon laquelle le matériau en question – c'est-à-dire le bien utilisé pour étalonner les échanges – était la monnaie, ce qui est tout à fait faux.

Il n'en est pas moins vrai que cette confusion a autorisé les marchands d'or à accaparer la monnaie, la faisant échapper au pouvoir politique. Ce dernier a parfois lutté pour reprendre le contrôle de sa monnaie. À l'occasion de cette lutte, la monnaie a changé de matérialisation, son support a été modifié.

a. Les luttes de pouvoir entre marchands et gouvernements pour le contrôle du « fait monétaire »

Les marchands ont depuis toujours cherché – et souvent réussi – à accaparer la monnaie, ce qui leur a procuré un enrichissement indu. Le pouvoir politique a parfois cherché et réussi à reprendre le contrôle du fait monétaire.

La situation actuelle est celle du complet contrôle monétaire par les principaux détenteurs de la puissance économique. Les gouvernements, eux-mêmes représentants du pouvoir économique, ont abdiqué leur souveraineté monétaire, et par voie de conséquence leur souveraineté politique. Il est aujourd'hui grand temps de reprendre la lutte.

(1) Le contrôle de la monnaie par des intérêts privés permet un enrichissement indu

L'introduction dans l'économie de l'instrument monétaire n'est pas neutre : le premier détenteur de la monnaie légale, dont une partie de la valeur a été créée ex nihilo, peut se procurer, en la dépensant, des biens qu'il n'a pas « gagnés » en produisant. C'est ce qu'on a appelé le seigneuriage. Ces biens sont donc virtuellement prélevés en valeur par réduction du pouvoir d'achat potentiel des autres détenteurs de monnaie.

	Actif	Passif
Valeur économique de la fabrication monétaire	30	
Valeur faciale de la monnaie en circulation		100
….. d'où Seigneuriage ...	70	
	——	——
	100	100

L'introduction de la monnaie en tant qu'objet symbolique donnait l'accès gratuit aux richesses pour son émetteur et premier détenteur. Sa valeur était celle qui était décrétée et non celle du métal, d'où le seigneuriage. Lorsque le pouvoir politique manquait de moyens pour financer ses dépenses, il altérait les pièces en circulation, ce qui augmentait la part du seigneuriage. Cette pratique fut largement répandue en Grèce, à Rome et pendant le Moyen Âge européen.

La première monnaie métallique ne fut pas considérée au regard de sa seule valeur intrinsèque ; elle fut, dès sa conception, une monnaie actif-passif, identique en cela à la monnaie-papier qui la supplanta. La grande innovation des pièces résidait dans le fait que cette monnaie était circulante, contrairement aux monnaies de compte de l'Antiquité, qui les avaient précédées.

La monnaie de papier, qui circulait encore mieux, et qui donc remplissait encore mieux son rôle, avait pu apparaître aux yeux d'un public non averti du fonctionnement monétaire comme un substitut, une duperie. La transformation de la monnaie-or en monnaie-papier a ainsi été interprétée comme une perte de substance concrète de la monnaie. C'était l'opinion de Goethe qui l'exprima à de nombreuses reprises et notamment dans *Faust.* Dans cette œuvre, le billet de banque est considéré comme un truquage de nature diabolique, au sens premier de puissance de dissociation, de séparation. Pour Goethe, cette puissance de séparation, de délégation dans la représentation ne pouvait être que l'œuvre de l'esprit du mal, Méphistophélès. Le mythe Goethéen du papier monnaie implique la dénonciation anticipée d'un certain régime des signifiants : celui de la flottaison, de l'inflation, de la dérive folle (loin du trésor garantissant la valeur authentique). C'est d'abord la valeur et le signifiant économique qui sont visés par cette dénonciation implicite, mais la mise en scène mythologique recèle des significations qui dépassent évidemment la procédure économique, et qui intéresse le signe en général.

En réalité, la valeur de la monnaie-or était déjà, dès avant l'introduction de la monnaie-papier, découplée de la seule valeur intrinsèque du métal précieux qui l'incarnait. En ce sens, l'introduction de la monnaie-papier a été un continuum et non la rupture symbolique perçue par le public ignorant du fonctionnement bancaire. Pour le public, l'introduction de la monnaie-papier a signifié une double disparition symbolique. D'une part, la disparition symbolique de la relation avec la réalité représentée par la valeur intrinsèque de l'or. D'autre part, la disparition de la garantie institutionnelle représentée par la relation entre le souverain et ses sujets, ce qu'était le « tally stick » anglais.

Confisquée par des intérêts privés, la monnaie-papier devient, aux yeux du public non averti, un strict objet conceptuel qui tire son sens de ses capacités combinatoires ou opératoires. C'est ainsi qu'un auteur a pu écrire que « Le papier monnaie est le symbole de la tromperie de l'intellect calculant, qui perd contact avec le trésor des profondeurs. C'est le symptôme de la perte de la dimension symboliste : la conscience instrumentale manipule des jetons conventionnels qui ne gardent plus aucun lien avec les significations de l'inconscient. Dès lors, une fois ce contact rompu, l'intellect calculant peut se croire capable de créer de la richesse, et encore de la richesse, par simple opération scripturale, simple combinaison, manipulation de signes. La puissance de délégation (renvoi, report) qui est celle du signe est devenue proprement démesurée. Le papier monnaie symbolise l'hybris du signe pur »[137]. C'est ce qui se passe avec la notion de PIB (Produit intérieur brut)[138].

Il y a là une confusion entre la véritable nature de la monnaie et le vecteur matériel utilisé par la monnaie pour circuler. Indépendamment de la forme extérieure prise par la monnaie, pièces ou papier, c'est la confusion fondamentale entre l'institution monétaire et sa matérialisation qui est la source du problème, et non la forme prise par la monnaie. Tant que la monnaie reste conforme à sa nature d'institution à des fins d'organisation sociale, peu importe la forme qu'elle prend, elle ne sera jamais un outil de domination. En revanche, considérer

137 Jean Joseph Goux, Les monnayeurs du langage, éditions Galilée, p. 209.

138 Cf. Valérie Bugault « De la civilisation européenne… De la mesure, plaidoyer pour un retour du concept d'économie politique » : http://lesakerfrancophone.fr/de-la-civilisation-europeenne-de-la-mesure-plaidoyer-pour-un-retour-du-concept-deconomie-politique

la monnaie comme un bien susceptible d'appropriation relève ab initio d'une volonté de négation de l'utilité sociale de la monnaie, elle induit l'accaparement et la domination sociale de la caste qui s'approprie le « fait monétaire ».

(2) Les marchands ont pris le contrôle des monnaies

La monnaie n'a pas été une invention de marchands, mais ceux-ci l'ont très vite assimilée, et utilisée à leur profit, en fabriquant de la fausse monnaie.

Pendant le Moyen-Âge européen, les orfèvres sont devenus banquiers. Ces derniers, à l'occasion de leur activité de prêt d'or et de matières précieuses, ont découvert qu'ils pouvaient se permettre de prêter plus d'or que ce qu'ils détenaient réellement en réserve. Cette découverte, et la pratique qu'ils en ont faite, leur a permis un enrichissement tel qu'ils se sont mis à avoir des rêves de grandeurs politiques.

Peu à peu, ils ont perfectionné leur système de prêts jusqu'à l'édification des premières banques dites d'États, bientôt transformées en banque centrale[139], dont ils avaient en réalité l'entier contrôle. La Banque de Stockholm au XVIIe siècle, puis la Banque d'Angleterre et toutes les banques centrales qui ont suivi, étaient des banques privées déguisées en banques gouvernementales. À l'aide de ces institutions, le processus d'émancipation du signe monétaire s'est réalisé en deux étapes.

La première étape a été la substitution d'une reconnaissance de dette, qui est la promesse de rendre le dépôt constitué en espèces à première présentation d'un billet à la banque. L'émission des billets a toutefois largement dépassé les réserves disponibles tout en générant des intérêts.

La deuxième étape a consisté à faire circuler des promesses de promesses : la banque inscrit la dette de son client en compte et se porte garante que cette dette sera honorée : « À la différence des promesses particulières, les engagements bancaires circulent en moyens de paiement. Ici, la reconnaissance de dette vaut monnaie. »[140] Dans un tel système, le rôle d'intermédiation des banques est fondamental, puisqu'elles garantissent à la fois l'inéluctabilité et la liquidité des paiements engagés.

139 Cf. Valérie Bugault « Géopolique du système des banques centrales » : http://lesakerfrancophone.fr/decryptage-du-systeme-economique-global-17-geopolitique-du-systeme-banques-centrales

140 Bernard Schmitt, Monnaie, salaires et profits, éditions Castella, p. 165.

Suivant la pente fatale du contrôle de la monnaie par des opérateurs privés cherchant leur propre profit, la monnaie contemporaine est devenue un ensemble de dettes spontanément émises par le système bancaire. Dettes sans cause autre que l'enrichissement personnel des banquiers, paris perpétuels des banques sur la capacité de leurs débiteurs à les rembourser... Les inscriptions et les extournes de ces écritures dans les livres comptables des banques instaurent un flux et un reflux perpétuel d'une monnaie immatérielle, de nature vectorielle, qui selon les circuits où elle est dirigée, est soit endogène (elle s'ajuste exactement aux transactions à fondement économique), soit exogène (elle circule sans lien avec l'activité économique : transactions spéculatives).

L'actualité de ce début de XXIe siècle en Occident nous donne le triste spectacle de monnaies contrôlées par les puissances d'argent qui fonctionnent selon un mode essentiellement exogène ; la monnaie non seulement ne sert pas à faciliter les échanges mais, tout au contraire, elle est utilisée pour les réduire. Une telle monnaie est détournée de sa fonction première : elle n'est, conceptuellement, pas une monnaie car elle ne respecte pas les conditions d'existence d'une monnaie, qui est fondamentalement l'organisation sociale et la facilitation des échanges.

L'apparence de monnaie, comme l'apparence d'État, peut être trompeuse : en matière de monnaie et d'institution, la maxime populaire selon laquelle « l'habit ne fait pas le moine » s'avère particulièrement adaptée et pertinente.

(3) Le pouvoir politique a parfois récupéré le contrôle de la monnaie

Vers 1100 de notre ère, le roi Henry Ier d'Angleterre décida de retirer aux orfèvres le pouvoir de créer de la monnaie à leur guise par émission de billets attestant de faux dépôts d'or. Il mit en circulation un moyen monétaire original concurrent aux pièces frappées : le « tally stick » ou bâton de comptage, qui dura 726 ans, jusqu'en 1826. Ces bâtons étaient fabriqués à partir de lattes de bois poli divisées longitudinalement en deux parties sur le principe du symbolon[141]. La ligne de

141 Le mot « symbole » est issu du grec ancien symbolon (σύμβολον), qui dérive du verbe *συμβάλλεσθαι* (symballesthaï) (de syn-, avec, et -ballein, jeter) signifiant « mettre ensemble », « apporter son écot », « comparer ». Un symbole était, au sens propre et originel, un tesson de poterie cassé en deux morceaux et partagé entre deux contractants. Pour liquider le contrat, il fallait faire la preuve de sa qualité de contractant (ou d'ayant droit) en rapprochant les deux morceaux qui devaient s'emboîter parfaitement. Le symbolon était constitué des deux morceaux d'un objet brisé, de sorte que leur réunion, par un assemblage parfait, constituait une preuve de leur origine

division était taillée d'encoches irrégulières, à deux, voire trois dimensions, de manière à empêcher toute copie. Outre l'emboîtement exact des deux parties, la principale preuve de l'authenticité des deux bâtons était l'analyse des fibres du bois qui devaient se correspondre. Le roi conservait un des bâtons obtenus et l'autre partie servait à la circulation monétaire dans l'économie, y compris pour le paiement des impôts royaux. Aucune autre forme de monnaie n'a été utilisée plus longtemps, et c'est entre autres avec ce système de bâtons de comptage que l'empire britannique s'est construit.

Cet exemple montre bien que la valeur intrinsèque du support ne détermine pas la valeur de la monnaie, c'est l'authenticité, l'incorruptibilité et l'adhésion collective à un vivre ensemble qui fait la valeur de la monnaie. La suite de l'histoire le confirme.

Plus récemment, les États-Unis d'Amérique ont offert le spectacle fascinant d'un gouvernement qui reprend temporairement le contrôle du « fait monétaire ». Ces monnaies gouvernementales avaient la forme d'un simple papier adossé à la confiance d'un peuple envers son gouvernement. Il en a été ainsi en Pennsylvanie qui, jusqu'en 1775, a utilisé « l'effet colonial »[142] comme monnaie. Il en a également été ainsi aux États-Unis pendant la guerre civile, qui fut financée par les « greenbacks »[143] d'Abraham Lincoln. Ces expériences gouvernementales ont toutefois et bien malheureusement été de courte durée. Les banquiers ont définitivement repris le contrôle du fait monétaire aux États-Unis d'Amérique en 1913, lors de la création institutionnelle de la « Federal Reserve ».[144]

L'actualité Suisse nous montre une nouvelle tentative de reprise du contrôle du fait monétaire par ses utilisateurs ; il faut noter que cette tentative n'est pas issue du gouvernement à proprement parler mais des citoyens avertis - et révoltés - du fonctionnement bancaire. Les citoyens suisses organisent depuis 2016 un vaste mouvement en faveur de la « monnaie pleine »[145]. Cette initiative a pour

commune et donc un signe de reconnaissance très sûr.

142 Cf. https://fr.m.wikipedia.org/wiki/Effet_colonial#

143 Cf. https://en.wikipedia.org/wiki/Greenback_(1860s_money) ; https://fr.wikipedia.org/wiki/Greenback_(billet)

144 Cf. https://fr.wikipedia.org/wiki/R%C3%A9serve_f%C3%A9d%C3%A9rale_des_%C3%89tats-Unis

145 Cf. http://www.initiative-monnaie-pleine.ch/ ; http://www.initiative-monnaie-pleine.ch/info-en-2-minutes/ ; voir aussi : http://www.lemonde.fr/economie/article/2016/01/15/monnaie-pleine-un-referendum-en-suisse-pour-brider-la-finance_4848027_3234.html

objectif explicite de changer le fonctionnement actuel de la monnaie et de rendre la création monétaire au seul gouvernement, à l'exclusion des banques privées. La « monnaie pleine » est principalement axée sur la volonté de retirer aux banques privées la capacité de mettre, au moyen du principe dit de « réserve fractionnaire », de l'argent-dette créé ex nihilo en circulation. Par argent-dette créé ex nihilo, il faut entendre un argent qui n'existe, temporairement, que par la grâce d'une écriture comptable et qui disparaîtra au moment de son remboursement par l'emprunteur ; cette opération de création monétaire génère une illégitime inflation du prix des actifs et une concentration des capitaux dans les mains des banquiers qui encaissent, au titre de l'intérêt, l'argent des emprunteurs.

b. En conclusion : la capacité de la monnaie à remplir sa fonction d'utilité sociale dépend de la légitimité de l'autorité qui l'émet et la gère

Les métaux précieux que sont l'or et l'argent ont historiquement souvent, bien que pas toujours, été utilisés comme monnaie par différentes civilisations. Lorsque l'or devenait trop rare et donc inapte à servir de monnaie en raison de l'importance des échanges, le bimétallisme[146] était réinstauré.

Toutefois, la pratique de l'incarnation de la monnaie dans des métaux précieux, pour courante qu'elle ait été, n'a pas été systématique et surtout, n'est pas à l'origine du processus monétaire lui-même. Certains États, mus par la volonté de récupérer leur puissance politique perdue au profit des accapareurs, ont utilisé d'autres vecteurs pour la monnaie. Il en a été ainsi dans l'Angleterre médiévale, qui utilisait le « tally stick »[147]. De la même façon, certaines tribus utilisaient de façon ancestrale d'autres biens que l'or ou l'argent pour pratiquer l'échange, comme par exemple des coquillages, du bétail etc.

Dans le contexte actuel de phagocytage du « fait politique » par le « fait économique », nous assistons, dans nos économies, au paradoxe suivant : la monnaie, de plus en plus dématérialisée (en raison des flux croissants de transactions effectuées avec des cartes bancaires ou des téléphones) continue à fonctionner avec les contraintes imposées par son incarnation en or (métal précieux rare). Ainsi, les banques centrales continuent, alors qu'elles disposent d'une quantité théorique-

146 Cf. https://fr.wikipedia.org/wiki/Bim%C3%A9tallisme
147 Cf. https://en.wikipedia.org/wiki/Tally_stick

ment illimitée de monnaie, d'imposer des restrictions aux masses monétaires en circulation et cela au pire moment, c'est-à-dire après en avoir mis une profusion sur le marché.

La profusion, adossée à de la monnaie sous forme de dette (les prêts à intérêts) est aussi illégitime que la restriction qui la suit immanquablement. La profusion illégitime de monnaie (organisée par l'existence de faibles, voire très faibles taux d'intérêts) génère une augmentation générale du prix des actifs facilement négociables, appelée « bulle », qui aura pour conséquence inéluctable, en cas de resserrement monétaire induit par une augmentation des taux d'intérêts, un éclatement desdites bulles et un appauvrissement massif des populations ; la conséquence ultime de ces phénomènes est une concentration des capitaux dans les mains de ceux qui peuvent racheter à vil prix de très nombreux actifs artificiellement dépréciés. Il résulte du fonctionnement objectif actuel de la monnaie que les variations quantitatives de monnaies disponibles ne sont jamais en adéquation avec les besoins quantitatifs d'échanges, et qu'elle est utilisée comme instrument de concentration des richesses. Nous assistons aujourd'hui, en particulier dans les pays dits développés, à un détournement institutionnel de l'autorité monétaire légitime : des acteurs privés se sont arrogés, sous le couvert de l'intervention d'un organisme prétendument national appelé banque centrale, le droit de contrôler la monnaie. Lorsque la masse monétaire en circulation est contrôlée par des intérêts privés et non par le gouvernement représentant l'intérêt général, comme c'est le cas actuellement, son extension ou sa réduction dépend non pas des besoins d'échanges de la population, mais des besoins (c'est-à-dire des intérêts privés) de ceux qui la gèrent et l'utilisent pour accroitre leurs parts de marché, concentrant d'autant la richesse mondiale entre leurs mains.

Il faut impérativement rappeler que la monnaie est, par nature et avant toute chose, un instrument objectif de facilitation des échanges, elle n'est pas un « bien » mais une institution. La monnaie a une fonction de facilitation des échanges qui participe à l'organisation de la paix sociale. À ce titre, la charge d'organiser et gérer la monnaie incombe naturellement à la puissance chargée d'organiser les rapports sociaux, c'est-à-dire à la puissance politique représentée par un « gouvernement ».

Le seul moyen pour que la monnaie remplisse son rôle de facilitation des échanges est qu'elle soit acceptée par tous. Ce critère essentiel de « l'acceptation par tous » ne peut être rempli que si la monnaie émane directement de l'autorité politique légitime. Autrement dit, il appartient à la seule puissance publique de matérialiser juridiquement les échanges sous forme de monnaie. En raison de sa nature institutionnelle créée par un acte d'autorité, la monnaie relève, par définition, des pouvoirs publics. Il ne saurait pas plus être question de confier la régulation juridique des échanges à un pouvoir privé qu'il ne l'est de confier la mesure des poids ou des longueurs à des institutions privées, ou de confier la gestion des actes notariés (qui attestent de la réalité des cessions de biens immobiliers) à des institutions privées. La viabilité et l'efficacité des échanges requiert que ces derniers soient validés par la puissance publique.

Toutefois, la puissance publique en question n'est pas n'importe quelle puissance. Car la fonction d'utilité sociale de la monnaie ne peut être remplie que si celle-ci est contrôlée par ses utilisateurs, organisés en gouvernement politique. Autrement dit, la monnaie ne peut effectivement remplir sa fonction d'utilité sociale que lorsqu'elle est gouvernée par l'intérêt général, c'est-à-dire qu'elle est contrôlée par un gouvernement légitime.

Née d'un acte d'autorité, la performance de la monnaie (c'est-à-dire sa capacité à remplir la fonction sociale pour laquelle elle existe) est liée à la légitimité de l'autorité dont elle émane. La seule monnaie légitime est celle qui est organisée et gérée par un « gouvernement » entendu comme étant une émanation du peuple duquel il organise et gère les relations sociales. Une monnaie contrôlée par des intérêts privés devient structurellement inapte à remplir sa fonction de régulation sociale ; c'est précisément à cette situation que nous sommes actuellement collectivement confrontés.

Cette situation a été rendue possible par le fait que la monnaie actuelle n'apparaît pas officiellement comme étant confiée à un pouvoir privé : tout est au contraire fait pour faire accroire au public que la monnaie est plus ou moins sous un contrôle public. Si la gestion des monnaies a été extraite du pouvoir politique officiel pour être confiée à des banques centrales, ceci s'est fait sous le fallacieux prétexte de l'impéritie du pouvoir politique. Le glissement conceptuel d'acteur public à acteur privé n'a jamais dit son nom et s'est au contraire caché derrière l'instauration d'une institution de contrôle monétaire prétendument publique (banque centrale), et derrière une volonté accrue de sécurisation de la monnaie. Par ailleurs, tout est fait pour faire croire à l'indépendance et à l'intégrité politique des banques centrales qui ne sont en réalité que le voile institutionnel dont se parent les principaux détenteurs de capitaux qui gèrent, par l'intermédiaire de ces organismes, les masses monétaires en circulation.

À des fins de salubrité publique, il est primordial de remettre la gestion des échanges sous le contrôle d'un pouvoir politique légitime. Cette assertion est vraie dans tous les pays du monde[148], elle ne dépend ni de la conjoncture économique en vigueur, ni des contraintes politiques et culturelles propres à chaque peuple ; elle est un postulat « de droit naturel » en ce sens qu'il résulte de l'observation des causes et des effets du fonctionnement général des sociétés humaines. La reprise en main de la monnaie par le « fait politique » est non seulement possible mais elle est naturelle ; sa mise en œuvre ne dépend que de la compréhension claire de la nature et des modalités de fonctionnement de la monnaie.

3. Description d'une monnaie efficace

Il faut bien distinguer la nature de la monnaie, qui est de réguler les échanges, du moyen qui est utilisé pour cette régulation.

Une confusion - fatale aux États et à leurs populations - est venue du fait qu'historiquement le support le plus couramment utilisé pour réguler l'échange de biens et services a été des métaux précieux (l'or et l'argent). L'or (comme l'argent) acquiert dès lors une double fonction ; ces deux fonctions étant profondément antinomiques. Chargé de favoriser les échanges (monnaie), l'or est également un « bien », doté d'une valeur intrinsèque, échangeable à ce titre sur le marché et susceptible d'accaparement, ce qui est un empêchement dirimant et structurel à remplir le rôle de facilitateur d'échange qui est le fondement même de la monnaie. A partir de là s'est opéré un glissement conceptuel tendant à confondre la monnaie avec son incarnation matérielle (or ou argent). La confusion entre les deux fonctions – monnaie et « bien » - de l'or a généré une confusion sur la nature de la monnaie elle-même.

La monnaie est dès lors devenue, comme l'or qui l'incarnait, un objet de convoitise et d'accaparement, ce qui a eu pour conséquence de réduire sa quantité en circulation et, partant, de réduire le nombre des échanges. La nature de « bien » (bien dans le commerce) de l'or l'a emporté sur la fonction de « facilitateur d'échange » de la monnaie. L'accaparement de l'or, « bien matériel à la valeur intrinsèque », a généré une raréfaction de la monnaie (or) en circulation et donc une raréfaction des possibilités d'échanges. En conclusion, la monnaie considérée comme

148 Pour s'en convaincre, voici un exemple récent, arrivé en Inde : http://lesakerfrancophone.fr/un-secret-de-polichinelle-bien-garde

un « bien » a pour effet la négation de la monnaie dans son sens primordial de régulateur des échanges.

a. La monnaie ne s'identifie pas à son vecteur matériel car elle n'est pas un « bien » mais une institution émanant d'un acte d'autorité de la puissance publique

Il importe, avant toute chose, de faire disparaître l'erreur consistant à assimiler la monnaie avec son vecteur matériel. La monnaie est fondamentalement un acte d'autorité d'une puissance publique. L'efficacité sociale de la monnaie postule que la puissance publique émettrice est légitime.

(1) Impérative nécessité de mettre fin à la confusion entre la nature de la monnaie et son vecteur matériel

La confusion tendant à qualifier la monnaie de « bien » s'explique par la confusion qui est faite entre la nature de la monnaie, instrument d'échange institué par un acte d'autorité, avec le moyen que cette monnaie a historiquement utilisé pour réaliser sa finalité qu'est l'échange.

Cette confusion est aujourd'hui de plus en plus ouvertement mise en avant et promue par les pouvoirs publics, eux-mêmes au service des détenteurs du pouvoir économique. Elle est en particulier à l'origine de l'actuel projet de réforme du Code civil français qui autorisera à qualifier juridiquement un rapport contractuel de « bien » appropriable.

Il faut insister lourdement sur le fait que la monnaie ne saurait en aucun cas être considérée comme un « bien ». Elle n'est qu'une seule chose : un acte d'autorité dont la fonction est de réguler les échanges.

De la même façon, le rapport contractuel entre deux personnes, l'échange en termes économiques, ne saurait en aucun cas être identifié avec la monnaie utilisée à l'occasion de cet échange. Le rapport d'échange, qui est un lien contractuel entre plusieurs cocontractants, ne peut pas être identifié avec le vecteur matériel utilisé pour faciliter l'échange en question. Il y a trois phénomènes bien distincts : premièrement, un échange de biens et services, juridiquement formalisé par un lien contractuel, deuxièmement, le matériau (c'est-à-dire l'outil) utilisé pour réaliser cet échange, et troisièmement l'institution monétaire abstraite, qui n'est pas assimilable au matériau utilisé pour l'échange.

Confondre la monnaie et le moyen utilisé pour l'échange revient à faire une figure de style rhétorique appelée « métonymie » qui remplace le symbole par la chose (par exemple parler de « laurier » pour désigner la « gloire »). Les actuels détenteurs du pouvoir utilisent très volontiers la rhétorique dont ils interdisent l'accès au peuple et l'on comprend pourquoi ! Le matériau, vecteur juridique, utilisé à l'occasion de l'échange n'est en aucune façon identique à l'institution monétaire elle-même. Le matériau utilisé pour l'échange n'est pas non plus assimilable à l'échange lui-même.

(2) La monnaie est une institution créée par un acte d'autorité de la puissance publique

Le phénomène monétaire relève, de façon essentielle et primordiale, d'un service rendu à la collectivité par la puissance publique chargée de gérer et réguler la vie en commun. Ce service consiste à favoriser les flux (les échanges) de biens et services. La monnaie est une institution créée par un acte d'autorité du pouvoir politique.

Rétablir l'ordre organisationnel nécessaire à toute société civilisée nécessite de rétablir la distinction fondamentale qui existe entre, d'une part, la structure abstraite de la monnaie et, d'autre part, ses supports matériels. Le moyen utilisé pour l'échange ne doit pas pouvoir être accaparé par un quelconque groupe d'individus ; il doit par ailleurs toujours rester sous le contrôle direct ou indirect des usagers. Concrètement, à des fins de viabilité et de justice sociale, la monnaie doit être sous le contrôle du gouvernement, ce dernier représentant les intérêts de toutes les strates sociales de la population vivant sur son territoire (secteurs marchand et non-marchand inclus).

La monnaie est, de façon structurelle, une institution créée par un acte d'autorité dans l'objectif de faciliter les échanges. Il convient donc de remettre les choses à leur bonne place juridique :

- les métaux précieux sont des matières premières, dont il peut être fait commerce, et

- la monnaie est un acte d'autorité d'une puissance publique qui ne doit pas être incarnée par un bien rare (métal précieux) dont on peut faire commerce.

La monnaie, qui n'est pas un « bien » dans le commerce, n'a pas besoin d'être rémunérée.

Ainsi disparaît le concept de prêts à intérêts ; en réalité la seule rémunération de la monnaie conceptuellement possible est celle justifiée par la couverture du risque de non remboursement.

Disparaît également le principe de « réserve fractionnaire » puisque la quantité de monnaie - qui n'est pas un « bien » - mise en circulation ne dépend que des seuls besoins d'échanges d'une population donnée et de la confiance que cette population accorde à son gouvernement. Ce qui suppose que le gouvernement en question n'édite pas plus de monnaie qu'il n'en est nécessaire au fonctionnement de la société. La quantité de monnaie en circulation doit être en relation avec la quantité de richesses créées, la mesure de cette quantité étant fournie par la densité des échanges.

(3) L'efficacité de la monnaie suppose la légitimité politique de son émetteur

Lorsque l'autorité qui s'empare de la prérogative monétaire est politiquement légitime, les échanges s'intègrent de façon efficace et sereine dans un ordre social efficient et favorable au développement humain. A contrario, lorsque l'autorité qui s'arroge le pouvoir sur la monnaie est illégitime, c'est-à-dire lorsqu'elle ne représente pas un pouvoir politique mais des intérêts catégoriels privés, les échanges sont structurellement déséquilibrés en faveur des accapareurs et l'ordre social se transforme en désordre social.

La monnaie ne peut respecter sa fonction de facilitateur d'échanges que si elle est au service de ses usagers, et non au service d'intérêts privés. Seule une monnaie contrôlée par le « fait politique » remplit les critères d'existence de l'institution monétaire. Les monnaies auxquelles nous avons aujourd'hui à faire ne sont pas des monnaies : elles en ont l'apparence mais elles n'en remplissent pas la fonction essentielle.

Le contrôle de l'émission monétaire par l'autorité publique légitime – celle qui est chargée de veiller au bon déroulement de l'organisation sociale – mettra la monnaie au service de ses usagers ; la monnaie deviendra réellement l'instrument de facilitation des échanges qui est sa justification première. L'émission monétaire sera alors fonction des stricts besoins des populations, secteurs marchand et non-marchand inclus : elle sera en particulier fonction des besoins de financement de l'État, des projets publics de long cours (infrastructures, énergie, etc), et des nécessités humaines de vie décente. Seuls des individus vivant dans des conditions minimales de dignité matérielle peuvent envisager de développer des liens sociaux et économiques : la dignité humaine individuelle bénéficie au groupe tout entier. La masse monétaire doit être gérée en fonction des besoins des différents acteurs issus du secteur marchand et non-marchand ; sa quantité doit être fonction des capacités créatives (plus-value pour le groupe) de la société à laquelle elle s'applique.

L'argent doit être mis gratuitement et en quantité suffisante à disposition des besoins, contrôlés, du tissu social. Toutefois, la masse monétaire en circulation ne doit pas excéder les capacités du peuple en question à générer des échanges. Le besoin d'échanges et la valorisation des activités utiles et non lucratives, sont des indicateurs sur lequel l'État devrait s'appuyer pour évaluer la quantité monétaire qu'il est nécessaire de mettre en circulation. Il faudrait aussi pouvoir, le cas échéant, réduire cette quantité selon des critères objectifs.

Techniquement et fonctionnellement, l'organe de contrôle de la monnaie pourrait être un comité civique constitué à parts égales par des représentants des secteurs marchand, non-marchand et par des membres du gouvernement.

b. La monnaie ne peut structurellement pas être incarnée par des métaux ou tout autre bien tangible rare

L'utilisation de métaux – ou tout autre matériau - précieux (or) pour incarner la monnaie présente deux inconvénients rédhibitoires à la pérennité de leur usage en tant que monnaie : l'accaparement et la rareté.

(1) La monnaie-or a pour conséquence d'être accaparée

L'or, comme tout « bien » doté d'une valeur intrinsèque, est susceptible d'accaparement. Ce phénomène (accaparement) induit la raréfaction de la monnaie en circulation et nuit en conséquence aux échanges.

Le rôle de l'État, dans sa fonction d'organisation sociale, est d'éviter les phénomènes d'accaparement. Le fait que l'accaparement soit aujourd'hui devenu le mode principal de fonctionnement des sociétés signifie très clairement que les « États » ne sont pas au service de l'intérêt général de leurs administrés ; nous avons là un signe évident du détournement institutionnel du concept d'État par des intérêts privés. Rappelons en effet que l'accaparement est le principal ennemi de l'État - considéré dans sa fonction politique essentielle d'organisation sociale - en ce qu'il permet, à son paroxysme, de concurrencer et asservir les pouvoirs publics – comme nous le constatons aujourd'hui.

La monnaie qui doit être incarnée ne peut, de façon dirimante, pas être incarnée par un bien précieux ou rare qui est conceptuellement inapte à remplir la fonction monétaire. Les biens précieux (rares) ayant une valeur intrinsèque sont en effet des « biens » dans le commerce susceptible d'accaparement, ce dont la monnaie ne doit précisément jamais faire l'objet.

L'incarnation de la monnaie dans un métal précieux a historiquement rendu possible la confusion entre la monnaie, qui est une institution créée par un acte de puissance, et le bien qui l'incarne, qui n'est que le support matériel de l'institution monétaire. L'accaparement du support matériel qui représente « la monnaie » réalise la négation du concept même de monnaie comme acte de puissance publique, et transforme ce concept en acte de puissance privée aux mains des accapareurs[149].

C'est précisément ce phénomène qui s'est historiquement produit en Occident : les banquiers privés ont concentré et accaparé la monnaie-or. Cette puissance leur a permis, dans un second temps, de créer le phénomène des « banques centrales », conçu comme le moyen juridique d'asseoir leur puissance ; transformant celle-ci de puissance financière en puissance politique. Au XXe siècle, les banques centrales se sont organisées en réseau (réserve fédérale américaine, BRI, système européen des banques centrales...), et internationalisées (FMI, FMA, banques régionales de développement, banque mondiale…), via un système pyramidal et horizontal de contrôle, pour détenir le monopole du contrôle des masses monétaires en circulation. L'accaparement de la monnaie a permis à leurs détenteurs de créer des crises économiques qui ont à leur tour permis le renforcement du pouvoir mondial des accapareurs par la concentration des capitaux que ces crises ont généré et continuent de générer.

149 Nous recommandons aux lecteurs curieux le visionnage de la vidéo suivante, particulièrement bien détaillée et explicative du phénomène monétaire : https://www.youtube.com/watch?v=pYvQoXFfJ_k

Confondre l'institution monétaire avec le matériau, l'outil, utilisé pour sa circulation revient à rendre la monnaie appropriable ; il en résulte une appropriation privative de la monnaie par des intérêts privés et une incapacité structurelle de celle-ci à répondre à la fonction d'utilité sociale, qui est pourtant sa raison d'être.

(2) La monnaie-or est inapte, en raison de sa rareté, à assumer la fonction monétaire primordiale de facilitation des échanges

Indépendamment du problème de l'accaparement, la rareté structurelle des métaux précieux rend ces derniers conceptuellement inaptes à financer des besoins d'échanges.

Le nombre des échanges développés dans une société est objectivement indépendant de la présence ou non de métaux précieux sur le territoire de cette société. Cette inadéquation des métaux précieux - ou de tout autre « bien tangible rare » - et de la monnaie se retrouve au niveau international : certains États peuvent être tout à fait dénués de matières premières rares tout en ayant par ailleurs un grand besoin d'échanger d'autres biens et services. D'une façon générale, le nombre des échanges ne dépend en aucune façon des quantités de métaux précieux présents dans les sous-sols de telle ou telle partie du globe terrestre.

La multiplication des échanges, en raison de l'internationalisation de ceux-ci, est une bonne illustration de l'inadaptation structurelle d'une monnaie fondée sur l'or à remplir pleinement son rôle de facilitateur d'échange. L'internationalisation des échanges, qui implique une multiplication des échanges, a pour corollaire inéluctable d'accroître la quantité de monnaie en circulation, de sorte que celle-ci ne puisse plus être réellement corrélée avec des actifs tangibles tels que l'or. Nous en avons eu un bon exemple en 1971 lorsque les États-Unis décidèrent de découpler le dollar de l'or. Lorsque les États-Unis décidèrent en août 1971 de laisser flotter le dollar (au mépris de leurs engagements internationaux tels qu'ils découlaient des statuts du FMI), ils ne firent que reconnaître publiquement la rupture du lien entre la taille de leur stock d'or et la quantité de dollars mis en circulation. La masse de dollars « offshore » détenue par des non-résidents était si importante qu'il leur était devenu impossible de maintenir le cours du change à l'intérieur des limites imposées par leur stock d'or. La banque centrale américaine ne détenait tout simplement pas l'équivalent en or de tous les dollars papiers en circulation.

L'internationalisation des échanges, et son corollaire, le développement de l'utilisation des monnaies dans un contexte international, implique nécessairement d'opérer une distinction claire entre, d'une part, le phénomène monétaire en tant qu'institution et, d'autre part, la détention par un État d'un métal précieux ou de tout autre bien tangible (pétrole, gaz etc.) qui servirait de vecteur monétaire. En d'autres termes, la multiplication des échanges que suppose l'internationalisation de ceux-ci rend indispensable une conception immatérielle de la monnaie fondée non sur des biens tangibles, mais sur la confiance des différents gouvernements dans la capacité de leur population à échanger.

Une autre considération plaide pour une conception immatérielle de la monnaie : les besoins d'échange ne sont pas fixes, ils augmentent ou diminuent en fonction de contingences multiples internes à une société (capacité créative, besoin d'amélioration de ses conditions d'existence, etc.), ces variations pouvant être relativement rapides. Les métaux précieux quantitativement disponibles sur un territoire ne sont structurellement pas susceptibles d'adaptation rapide en termes quantitatifs.

L'incapacité structurelle de métaux précieux et rares à s'adapter aux contraintes monétaires est rédhibitoire : la rareté est structurellement antinomique avec l'objectif de l'institution monétaire qui est de favoriser les échanges.

Par ailleurs, on ne saurait trop insister sur le fait qu'un bien matériel, quel qu'il soit, ne peut pas être assimilé au « fait monétaire » qu'est une institution. Un « bien » n'est pas une « institution » et une « institution » n'est pas un « bien ». Chaque terme renvoie à une réalité différente qu'il importe de bien dissocier. Nous en revenons ici aux fondamentaux de la sémantique.

c. La double incarnation monétaire souhaitable : papier gouvernemental et pièces d'argent

L'histoire nous apprend que « le fait politique » est susceptible d'être détourné et instrumentalisé : les gouvernés doivent être protégés d'un tel phénomène. Il est en conséquence souhaitable que la monnaie continue, au moins partiellement, d'être incarnée par un matériau (bien tangible) de façon à en rendre la circulation accessible au plus grand nombre en toute sécurité par rapport au gouvernement émetteur.

Une monnaie matérielle, non adossée à un bien tangible rare susceptible d'accaparement, doit pouvoir librement circuler sur un territoire donné en parallèle de la monnaie scripturale (ou sous forme de papier) émise et contrôlée par le gouvernement.

Nous plaidons ici pour une double circulation monétaire : une monnaie d'État gérée par le gouvernement, qui peut être émise sous forme de papier (monnaie fiduciaire[150]) ou être tout à fait dématérialisée (monnaie scripturale[151]), et une monnaie sous forme de métal non précieux et non rare utilisable par tous les usagers de l'État pour leurs dépenses courantes. L'argent métal, parce qu'il n'est pas rare, devrait pouvoir répondre à ce dernier critère tandis que l'or est disqualifié comme étant trop rare.

Cette circulation monétaire sous forme de pièces d'argent n'est pas assimilable à l'institution monétaire : les pièces sont l'une des formes que peut prendre la monnaie, pas la monnaie elle-même.

B. Le fonctionnement de la monnaie : la monnaie représente un échange économique qui engendre des rapports de droit

La monnaie, en raison de sa nature institutionnelle et de sa vocation (favoriser les échanges), suit un régime juridique particulier que nous allons préciser.

Il importe de bien distinguer entre d'une part, le régime juridique de la monnaie stricto sensu et d'autre part, les relations qui sont mises en œuvre à l'occasion de la circulation monétaire. Ces relations n'ont, d'un point de vue juridique, rien à voir avec la monnaie : la monnaie n'est qu'un intermédiaire, un témoin externe à ces relations.

Dans son fonctionnement, la monnaie met en œuvre trois types de relations. D'une part, des relations entre le gouvernement, qui émet et gère la monnaie, et les utilisateurs (personnes de droit privé) de cette monnaie. D'autre part, des relations de strict droit privé entre les utilisateurs (personnes de droit privé) de la monnaie. Enfin, des relations de droit public entre les différents États dans le cadre des échanges internationaux.

150 Cf. https://fr.wikipedia.org/wiki/Monnaie_fiduciaire
151 Cf. https://fr.wikipedia.org/wiki/Monnaie_scripturale

1. Régime juridique de la monnaie-institution

La monnaie, « vecteur juridique » institué par un acte d'autorité, est une institution et non un « bien » ; la propriété économique ne peut structurellement pas lui être appliquée.

La monnaie suit le régime de la subrogation réelle ; elle est caractérisée par une fongibilité absolue.

a. La monnaie étant un vecteur juridique et non un « bien », la théorie de la propriété économique ne peut structurellement pas s'appliquer à la monnaie

Par nature, la monnaie est un acte d'autorité permettant de faciliter les échanges sur un territoire donné. Elle a une vocation d'organisation sociale et répond à un objectif d'utilité sociale.

En termes juridiques, la monnaie n'est pas un « bien », mais un vecteur juridique institué par un acte d'autorité du gouvernement à des fins d'organisation sociale. Il en résulte que la théorie, d'origine économique, dite de la « propriété économique » ne peut structurellement pas être appliquée à la monnaie.

La fallacieuse théorie de la « propriété économique » suppose que le « propriétaire » d'un bien est celui qui finance ou qui exploite le bien en question. Appliquée à la monnaie cette théorie impliquerait que les banques – ou tout autre personne ou organisation - qui financent un bien ou un service par la fourniture de prêts sont propriétaires de ce bien ou de ce service jusqu'au complet remboursement du prêt - c'est-à-dire capital et intérêts ; et ceci alors même que le prêt en question correspond à de l'argent créé ex nihilo par la banque émettrice. Serait ainsi établi l'accaparement légal par les principaux détenteurs de capitaux (lesquels se sont également par ailleurs arrogés le droit de battre monnaie via le principe de la « réserve fractionnaire) de tous les « biens » en transit c'est-à-dire de tous les « biens » en cours de changement de propriétaire lorsque le nouvel acquéreur fait appel à des fonds extérieurs.

L'application à la monnaie de la « théorie de la propriété économique » part du postulat erroné que la banque émettrice de la monnaie est propriétaire de celle-ci, ce qui suppose nécessairement que la monnaie soit un « bien » susceptible d'appropriation. Or, nous avons vu que la monnaie n'est pas un « bien » mais un acte d'autorité de la puissance publique instituant une mesure, un étalonnage, des échanges. À ce titre, la monnaie n'est pas susceptible d'appropriation : ni par son émetteur, ni par ses utilisateurs.

Une application stricte des principes juridiques s'oppose radicalement à l'application de la propriété économique à la monnaie : la monnaie n'étant pas un « bien », elle n'est pas susceptible d'appropriation, ni par les établissements financiers émetteurs, ni par toute autre personne physique ou morale.

Aussi, quelle que soit la volonté des principaux détenteurs de capitaux de s'arroger tous les droits, et en particulier leur volonté de faire acter juridiquement l'accaparement économique, la monnaie ne saurait en aucun cas être considérée comme un bien susceptible d'appropriation.

La monnaie est, en raison de sa nature institutionnelle, juridiquement insusceptible, de façon structurelle, d'appropriation : elle ne saurait servir ni d'instrument pour l'accaparement, ni être elle-même objet d'accaparement. La monnaie n'est juridiquement pas un « bien ».

b. La monnaie suit le régime de la subrogation réelle

D'un point de vue juridique, la monnaie n'est pas un « bien » comme tel susceptible d'appropriation, mais un vecteur, matérialisé de diverses manières.

Les titulaires de « monnaie » ne sont donc pas propriétaires de celle-ci. Plus précisément, la personne détentrice d'une somme d'argent est titulaire d'un droit représenté par cette somme d'argent - qui est arrivée en remplacement d'un bien ou d'un service - mais elle n'est jamais propriétaire de cette somme d'argent.

Puisque la fonction de la monnaie est de remplacer un bien ou un service, elle suit en conséquence le régime juridique du bien ou du service qu'elle remplace. En termes juridiques, une personne qui détient une somme d'argent est investie d'un droit sur ce que représente cette somme d'argent selon le principe de la « subrogation réelle ».

La « subrogation réelle » est une « fiction de droit par laquelle un bien, en l'occurrence la monnaie, en remplace un autre, en l'occurrence le bien ou le service échangé contre la somme d'argent en question, en lui empruntant ses qualités »[152]. La monnaie est subrogée au bien ou au service dont elle est issue, qu'elle remplace. Puisque la somme d'argent perçue en contrepartie d'un bien ou d'un service représente la valeur réelle du bien ou du service, tout ce qui a trait à une valeur fictive, falsifiée ou tronquée de ce bien n'ouvre aucun droit.

En conséquence, lorsque l'échange est juridiquement imparfait parce que, par exemple, entaché d'un vice du consentement de l'acquéreur (cela vaut également pour les vices cachés ou les vices de conformité du bien en question), le vendeur ou le fournisseur du service qui perçoit la contrepartie en argent du bien ou du service imparfait n'a juridiquement aucun droit sur la somme qu'il a indument perçue, en raison du fait que cette somme ne représente pas l'exacte valeur du bien cédé ou du service effectivement rendu. Juridiquement, on dit que ce supplément d'argent indument perçu est « non causé », c'est-à-dire dépourvu de cause ; il ne génère, n'ouvre en conséquence aucun droit en termes monétaires.

La très récente modification du Code civil par ordonnance (ordonnance 2016-131 du 10 février 2016), c'est-à-dire par le pouvoir exécutif – le pouvoir législatif ayant été délibérément ignoré dans ce processus législatif – non seulement supprime la notion traditionnelle et essentielle de cause mais instaure, contre toute logique et contre toute justice que l'erreur sur la valeur n'est plus une cause de nullité du contrat (article 1136 nouveau du Code civil[153]). D'une façon générale, la réforme du Code civil, très influencée par la théorie de la « propriété économique », instaure que les vices du consentement sont une cause de nullité relative et non plus absolue du contrat[154], ce qui, fondamentalement, révèle qu'il n'y a plus, en droit français, d'intérêt général à protéger les personnes. La relativité fait ainsi son apparition dans le nouveau Code civil français, lequel importe de plus en plus ouvertement au domaine du droit commun les principes du droit commercial. Les citoyens sont de moins en moins protégés par une législation de plus en plus relative : douce pour les forts et rigoureuse pour les faibles.

---

152 Cf. *Vocabulaire juridique* de Gérard Cornu, association Henri Capitant, PUF.

153 Article 1136 nouveau : « L'erreur sur la valeur par laquelle, sans se tromper sur les qualités essentielles de la prestation, un contractant fait seulement de celle-ci une appréciation économique inexacte, n'est pas une cause de nullité. »

154 Cf. article 1131 nouveau : « Les vices du consentement sont une cause de nullité relative du contrat ».

c. La monnaie se caractérise par une fongibilité absolue

Nous avons vu que la monnaie est issue d'un acte d'autorité et que son efficacité est principalement due au fait qu'elle est acceptée par tous ses usagers, ce qui en fait un « vecteur juridique ».

Les titulaires de comptes bancaires ne sont juridiquement pas propriétaires de l'argent qui figure sur les comptes car la monnaie, qui n'est pas un « bien » mais une « institution », n'est pas susceptible d'appropriation. En tant que vecteur juridique, la monnaie peut venir en remplacement de n'importe quoi, qu'il s'agisse d'un bien, d'un service, ou d'une dette. Cette caractéristique propre de la monnaie se traduit juridiquement par le terme « fongible ». Les choses fongibles sont les « choses qui, n'étant déterminées que par leur nombre, leur poids ou leur mesure, peuvent être employées indifféremment l'une pour l'autre dans un paiement. [155] » Ainsi, la monnaie, quelle que soit par ailleurs son incarnation (pièce, billet, papier, écritures en banque, bâton de bois...), est interchangeable : un billet dont la valeur est prédéterminée vaut un autre billet de même valeur. La monnaie est la seule chose disposant, en droit, du caractère de fongibilité absolue.

C'est ce qui explique que la banque est juridiquement tenue de rendre aux titulaires de comptes bancaires, à leur demande, le montant exact qui figure sur les comptes. L'argent qui figure sur un compte bancaire est venu en remplacement, soit d'un bien cédé soit d'un service rendu par le titulaire du compte : les sommes déposées sur un compte bancaire sont issues de diverses transactions. Les sommes déposées sur un compte sont, en vertu du principe de subrogation réelle, la contrepartie du bien ou du service rendu par le titulaire du compte. Ces sommes reflètent le droit issu d'une transaction effectuée par le titulaire du compte : elles ne sont pas la « propriété » du titulaire du compte, pas plus qu'elles ne sont la « propriété » de la banque gestionnaire du compte.

La banque doit rendre au titulaire du compte non pas les pièces ou billets exacts que celui-ci y a déposé mais, conformément à la nature de la monnaie qui répond à l'utilité publique de faciliter les échanges, un montant équivalent à celui figurant sur le compte. Ceci n'est possible que parce que la monnaie est une convention acceptée par tous ses utilisateurs.

155 Cf. *Vocabulaire juridique* de Gérard Cornu, association Henri Capitant, PUF.

Cette caractéristique est parfaitement cohérente avec le fait que la monnaie n'est pas susceptible d'être appropriée. En effet, un lien de propriété ne peut se nouer, se concrétiser, que vis-à-vis d'un « bien » clairement identifié et déterminé, ce que n'est pas la monnaie en raison de sa nature d'institution, autant que de son caractère de fongibilité absolue.

2. Les relations juridiques nouées à l'occasion de la circulation de la monnaie

Nous allons détailler et analyser les liens de droit générés à l'occasion de la circulation monétaire. Il faut bien comprendre que ces liens sont étrangers à la monnaie elle-même, cette dernière n'intervient que comme « témoin » lors de ces relations, elle n'est pas partie-prenante.

En premier lieu, la circulation de la monnaie, qui émane d'un acte d'autorité de la puissance publique, peut générer des litiges entre d'une part, le gouvernement qui émet et contrôle la monnaie et d'autre part, les utilisateurs, personnes (physiques ou morales) de droit privé, de cette monnaie. Les litiges dans lesquels l'État en tant qu'émetteur de monnaie serait confronté à des personnes de droit privé doivent être institutionnellement réglés de façon identique, quel que soit le domaine concerné ; la matière monétaire ne doit pas faire exception à ce principe. Nous proposons que ce type de litige soit résolu par la création d'une juridiction tripartite comprenant, un magistrat professionnel spécialiste de la matière considérée, en l'occurrence la monnaie, un représentant des intérêts du gouvernement et un représentant des intérêts populaires. Le représentant des intérêts populaires sera le représentant du corps intermédiaire le plus concerné par le litige en cause. Aucun des trois membres de cette juridiction ne doit avoir de voix prépondérante et les décisions doivent être prises à la majorité.

En second lieu, à l'occasion de sa circulation, la monnaie peut être mêlée à des litiges résultant de l'échange de biens ou services entre particuliers.

En troisième lieu, en cas d'échanges entre personnes appartenant à des États différents, la monnaie fait intervenir des organes, appelées chambres de compensation, qui doivent impérativement être des émanations institutionnelles des États concernés par la transaction. Les chambres de compensation qui existent actuellement présentent deux problèmes majeurs qui justifient une remise à zéro du système de compensation.

Le premier problème est que ces chambres n'existent qu'à l'intérieur d'une même monnaie, elles ne permettent pas la compensation entre monnaies différentes. Le mécanisme de compensation européen Target est géré par le système des banques centrales sur le modèle des systèmes de compensation intra-nationales, car toutes les banques centrales ont chez elles au moins un compte de chaque banque du pays qu'elle représente. Précisons que Target ne s'applique qu'aux montants importants, l'essentiel de la compensation des paiements européens est effectué dans un autre système privé, EBA clearing, géré par une société de droit néerlandaise.

Le second problème rédhibitoire est que ces chambres de compensation sont toutes des sociétés privées gérées par les principales banques commerciales. Le système européen de compensation est un calque de ce qui existe au niveau national ; en France par exemple, c'est le système privé STET-CORE qui s'occupe de la compensation interbancaire. La gestion privée des actuelles chambres de compensation s'explique par la captation de la monnaie par les intérêts privés des grandes banques (c'est-à-dire de leurs propriétaires). Ce système est structurellement inapte à remplir sa fonction dans le cadre rénové de la monnaie que nous proposons : les chambres de compensation, comme les monnaies elles-mêmes, doivent être gérées par des organes émanant des gouvernements des États représentant l'intérêt collectif, et non par des intérêts privés.

a. *L'échange entre particuliers*

La monnaie est un intermédiaire, à ce titre elle est en quelque sorte un « témoin » dans la mise en œuvre des relations de droit privé entre cocontractants. Cette relation, qui met en contact deux personnes de droit privé, relève en droit français du droit des obligations. Elle est caractérisée par l'existence de droits personnels, qui s'opposent aux droits dits réels qu'une personne peut détenir sur une chose[156].

Cette analyse nous amènera à détailler le traitement juridique que le droit civil français tel que nouvellement conçu réserve aux opérations dites de titrisation.

156 Cf. Valérie Bugault « Géopolitique du concept de propriété privée » : http://lesakerfrancophone.fr/decryptage-du-systeme-economique-global-77-geopolitique-du-concept-de-propriete-privee-12 ; http://lesakerfrancophone.fr/decryptage-du-systeme-economique-global-77-geopolitique-du-concept-de-propriete-privee-22 ; lire également du même auteur « Heurs et malheurs du concept de propriété privée » : http://lesakerfrancophone.fr/heurs-et-malheurs-du-concept-de-propriete-privee

(1) La monnaie est témoin privilégié des échanges économiques, c'est-à-dire des rapports de droit privé, relevant du droit des obligations, générant des droits personnels

D'un point de vue technique, la monnaie, en tant qu'institution, a un pouvoir libératoire et une liquidité parfaite en raison de sa fongibilité absolue. Aucun des droits personnels générés par les relations contractuelles ne disposent de ces caractéristiques juridiques. Techniquement, la monnaie ne saurait en aucun cas être assimilée aux relations contractuelles, c'est-à-dire aux droits de créances ou aux dettes générées par les contrats à l'occasion desquels la monnaie est utilisée.

En tant que vecteur juridique de l'échange, la monnaie peut se trouver mêlée à des litiges entre les cocontractants, c'est-à-dire entre les protagonistes de l'échange ou du contrat en question. La monnaie est un instrument d'échange, à ce titre elle est une sorte de « témoin privilégié » dans les relations juridiques entre les candidats à l'échange de biens et services : les uns sont créanciers d'une somme d'argent dans le même temps qu'ils sont débiteurs d'un bien ou d'un service ; vice versa, les autres sont débiteurs d'une somme d'argent dans le même temps qu'ils se trouvent être créanciers d'un bien ou d'un service. Dans ce type de litige, la cause du conflit se trouve dans le rapport contractuel existant entre les parties à la transaction. La monnaie est en quelque sorte mêlée au litige en tant que « témoin », elle n'est pas la source du conflit ou du problème.

La relation établie entre les individus pratiquant l'échange relève du droit des obligations, lequel se distingue, dans le Code civil napoléonien, parfaitement du droit des biens. Alors que le droit des biens s'occupe du rapport direct des individus sur les choses, on parle alors de « droit réel », le droit des obligations règlemente et régule les rapports entre individus qui entrent en relation contractuelle, on parle alors de « droit personnel ». Les relations contractuelles entre usagers de la monnaie génèrent des droits contre des personnes, et non des droits sur des « biens » : ce sont des relations de droit privé qui relèvent, en droit français, du droit des obligations et non du droit des biens.

Nous allons voir que, sous l'emprise du pouvoir bancaire, la distinction entre droit civil (Code de 1804) et droit commercial (Code de 1807) opérée par les codifications napoléoniennes est désormais en voie d'obsolescence. Les partisans de la « propriété économique » prétendent aujourd'hui aligner le droit commun sur le droit commercial. Un pas plus loin, ils souhaitent abolir la distinction fondamentale en droit français entre droit personnel et droit réel, opérant ce faisant une déplorable réification des relations humaines.

(2) Les opérations de titrisation à l'aune des récentes réformes commercialistes du droit civil

Le droit civil, c'est-à-dire le droit commun, tel que nouvellement compris par le pouvoir exécutif français, est le cheval de Troie des principales banques systémiques ; la tendance est à l'assimilation du droit commun aux principes du droit commercial, lequel se conçoit comme une arme de destruction économique massive aux mains des principaux propriétaires de capitaux.

D'une part, le régime des cessions de créances civiles est désormais aligné sur celui des cessions de créances commerciales.

D'autre part, les partisans de la « propriété économique » cherchent à annuler la différence fondamentale exposée dans le Code civil de 1804 entre le droit des obligations et le droit des biens. Ce projet de réforme éclaire et met en exergue une incohérence dans les principes du droit français : ce dernier, qui expose clairement une distinction entre droit personnel et droit réel, permet par ailleurs que des droits personnels fassent l'objet d'une appropriation. Cette incohérence remonte aux origines des évènements de la Révolution française et du Premier empire qui a suivi. Cette Révolution initiée par les commerçants-banquiers enrichis devait fatalement voir imposer les valeurs du droit commercial derrière l'apparence de liberté et de démocratie, lesquelles ont été instrumentalisées à des fins de prise de pouvoir. Alors que la liberté individuelle était proclamée haut et fort, les juristes qui ont travaillé à la grande œuvre de codification du droit qui a émergé en France au début du XIXe siècle ont, fatalement, opéré une distinction de mauvais aloi entre droit civil et droit commercial. Si le droit commun était clairement le droit civil, le statut dérogatoire donné, dès 1807, au droit commercial a autorisé celui-ci à croître de façon autonome jusqu'à ce que les principes dérogatoires qu'il véhiculait deviennent aujourd'hui le droit commun. Alors que, quelque trois cents ans plus tard, les véritables détenteurs du pouvoir (les principaux propriétaires de capitaux) sont restés les mêmes tout en ayant considérablement accru leur emprise politique, les anciens principes du droit civil sont dès lors voués à devenir du droit résiduel, peut-être un temps encore, vaguement dérogatoire au droit commercial. La finalité du processus est une corrélation entre droit commun et droit commercial dans le sens du droit commercial.

Nous arrivons ici à une inversion des valeurs : la régulation de la vie en société devient incluse dans les principes commerciaux alors que la stricte logique autant que les exigences de la civilisation préconisent au contraire que le commerce, qui fait partie de l'organisation sociale, soit régulé selon des principes supérieurs qui le mettent au service du bien commun.

(a) La cession de créance civile désormais alignée sur les principes du droit commercial

D'un point de vue juridique, les prêts objets de titrisation sont des créances détenues par une banque contre des débiteurs, les emprunteurs. Souvenons-nous que ces créances des banques, appelées prêts, n'ont pu exister que parce que celles-ci sont autorisées, par l'actuel fonctionnement bancaire, à créer de l'argent ex nihilo. À la faveur du mouvement de dérégulation qu'elles ont-elles-mêmes initié, les banques ont pu émettre des prêts moyennant un taux d'intérêt variable qu'elles ont proposé à des personnes insusceptibles de supporter une augmentation dudit taux : l'augmentation à terme des taux était de façon prévisible de nature à transformer la créance bancaire (douteuse dès l'origine) en perte effective. Pour éviter le désagrément de devoir subir la perte qu'elles avaient pourtant initiée, les banques ont eu l'idée de céder la créance douteuse à des tiers avant qu'elle ne se transforme en perte effective.

À l'occasion du processus de titrisation, des créances issues des prêts potentiellement non recouvrables sont saucissonnées et empaquetées dans des produits financiers nouveaux, intégrant d'autres types de créances non toxiques. Lorsqu'un banquier veut trouver de la liquidité, la titrisation lui donne la possibilité de céder une partie des prêts (toxiques car identifiés à des créances irrécouvrables) qui sont dans son portefeuille. Pour ce faire, il va créer des titres hybrides, contenant les prêts toxiques qui seront mélangés avec des obligations de grandes entreprises classées AAA et/ou, des emprunts d'État de première catégorie ; ce mélange de titres de qualité différente aura pour conséquence de rehausser l'attractivité de façade des titres hybrides ainsi créés par le processus de titrisation. Le banquier en recherche de liquidité ira vendre ces titres hybrides, se débarrassant ainsi sur les tiers acquéreurs des risques encourus en raison des prêts toxiques qu'il avait lui-même émis. Ce composite financier opaque est revendu par la banque créancière à des tiers ; le devoir d'information du vendeur concernant ces produits composites est loin d'avoir toujours été efficace, les tiers acquéreurs se trouvant à l'échéance des prêts en position de perte (les actifs douteux cachés dans le produit composite se transforment en pertes). C'est précisément ce système de vente de titres composites qui a déclenché la « crise » de 2008 ; les acquéreurs de ces titres « subprimes » au premier degré, et les acquéreurs d'options sur ces titres au second degré, ont beaucoup perdu lorsque la bulle immobilière a explosé.

Le droit civil français connaissait, dès 1804, la cession (c'est-à-dire le transfert de propriété) de créance civile, qui s'opposait aux cessions de créances commerciales en ce qu'elle faisait intervenir le débiteur cédé dans l'opération. L'article 1690 du Code civil, applicable à ces cessions, dispose que « le cessionnaire n'est saisi à l'égard des tiers que par la signification du transport faite au débiteur ». Selon cette disposition, la cession n'est opposable aux tiers qu'après la signification de l'acte au débiteur cédé par un officier ministériel. Dans le contexte de l'effet relatif des contrats de l'article 1165 du Code civil[157], cette formalité conférait date certaine à la cession et marquait le point de départ de l'opposabilité aux tiers. Cette formalité, qui requiert l'acceptation de la cession par le débiteur dans un acte authentique différenciait les cessions de créances civiles des cessions de créances commerciales. La Cour de cassation rappelait de façon constante qu'à défaut de respect des formalités exigées par l'article 1690 du Code civil, la simple connaissance de la cession de créance par le débiteur cédé ne suffisait pas à la lui rendre opposable[158].

Par le fait du prince du pouvoir exécutif français - faisant acte de législateur[159] sur le modèle de ce qui se passe en droit européen où l'exécutif a seul l'initiative des lois, le régime juridique de la cession de créance civile est désormais aligné sur le droit commercial. Désormais, sous l'empire des nouveaux articles 1321 à 1326 du Code civil, la cession de créance civile devient, au même titre que la cession de créance commerciale (notamment par bordereau Dailly), immédiatement opposable aux tiers (dont le débiteur cédé fait partie sans même que ce dernier n'en soit averti) ; sauf pour les créances futures dont l'opposabilité aux tiers n'opère qu'au jour de la naissance de la créance. L'article 1321 alinéa 4 nouveau (de février

157 En vertu de l'effet relatif des contrats, les tiers ne peuvent se prévaloir des contrats auxquels ils ne sont pas partis.

158 Cf. Cass, 1e civ., 22 mars 2012, n°11-15.151 Sté carrosserie Labat c/ CRAMA Centre Atlantique ; Jurisdata n°2012-005074

159 Cf. Ordonnance 2016-131 du 10 février 2016.

2016) dispose désormais expressément que : « **le consentement du débiteur n'est pas requis, à moins que la créance ait été stipulée incessible** ».

Il s'agit là, ni plus ni moins que, d'une validation a posteriori, par le droit français des opérations de titrisations. Cette validation s'est opérée en catimini et en violation du principe de séparation des pouvoirs puisque le pouvoir exécutif s'est, par la voie d'ordonnance, institué législateur.

Autre nouveauté, le régime de la cession de créance civile est désormais calqué sur l'engagement des actionnaires d'une société commerciale : la garantie du cédant est limitée au prix qu'il a retiré de la cession. L'article 1326 alinéa 2 (issu de l'ordonnance de 2016) dispose expressément que le cédant ne garantit la solvabilité du débiteur que lorsqu'il s'y est engagé, et seulement à concurrence du prix qu'il a pu retirer de la cession. Tandis que l'alinéa 3 de ce même article 1326 du nouvel hybride « Code civil-commercial » précise que « lorsque le cédant a garanti la solvabilité du débiteur, cette garantie ne s'entend que de la solvabilité actuelle (les contrats de prêts n'étant pas échus), elle peut toutefois s'étendre à la solvabilité à l'échéance mais à la condition que le cédant l'ait expressément spécifié. »

Il faut ici faire un parallèle entre cette cession dite de créance (laquelle en matière de titrisation peut s'avérer pour le moins douteuse) et la cession de dette, qui devient expressément règlementée dans le Code civil-commercial issu de l'ordonnance de 2016[160]. Dans cette cession civile de dette, le créancier est bien mieux protégé que ne l'est le débiteur de la cession de créance civile nouvellement conçue. Ainsi, l'article 1327-1 nouveau précise-t-il que le débiteur n'est libéré pour l'avenir que si le créancier y consent expressément, à défaut et sauf clause contraire, il est tenu solidairement au paiement de la dette. L'article 1327-1 précise quant à lui que le créancier, qu'il ait donné par avance son accord à la cession de dette ou n'y est pas intervenu, ne peut se la voir opposer ou s'en prévaloir que du jour où elle lui a été notifiée, ou dès qu'il en a pris acte.

Sous l'empire du nouveau code dans lequel le droit commun se trouve compris dans les principes commerciaux, les droits du créancier sont bien mieux préservés que ceux du débiteur.

Ce sont là beaucoup de cadeaux faits aux banques initiatrices de titrisation sur des contrats (c'est-à-dire des créances) douteux ! Rarement dispositions civiles

160 Par les articles 1327 à 1328-1 nouveau.

auront été plus protectrices des principales banques systémiques. L'ordre public, qu'il s'agit de protéger dans la législation civile telle que nouvellement conçue, est désormais tout entier compris dans les intérêts des principales banques émettrices de prêts toxiques diffusés partout dans le monde à l'occasion de la titrisation. Le droit civil est désormais directement écrit pour les principaux propriétaires des principales banques : celles, systémiques, qui ont également imposé, par lobbying, les mouvements de dérégulations financières.

La conséquence directe d'une telle « évolution juridique » du droit civil est en réalité une véritable révolution silencieuse, dans laquelle le droit civil est aligné sur les critères du droit commercial dans le contexte où le droit commercial est une arme de destruction économique massive aux mains des banques. Sous l'emprise des banques, le droit commun n'a plus de civil que le nom, il est en réalité aligné sur les exigences du droit commercial, lui-même au service des principaux détenteurs de capitaux.

(b) Les partisans de la « propriété économique » veulent réformer le Code civil pour rendre expressément appropriable un droit de créance, annulant ce faisant la traditionnelle distinction entre droit réel et droit personnel

Nous détaillerons la distinction entre droit personnel et droit réel en vigueur lors des codifications napoléoniennes, avant de montrer le défi conceptuel que les opérations de titrisation font subir à ce droit. Nous verrons ensuite quelles sont les conclusions à tirer de cette histoire.

(i) État du droit en 1804

Le Code civil de 1804 établit une distinction très nette entre d'une part les droits réels, le plus accompli d'entre eux étant le droit de propriété, qui sont des droits qu'une personne a sur une chose, et d'autre part les droits personnels, qui sont des droits qu'une personne a contre une autre personne. La distinction entre droit réel et droit personnel était essentielle, dans le code civil de 1804. De façon fondamentale, la distinction opérée par le Code civil de 1804 entre droit personnel et droit réel révèle la ferme volonté des rédacteurs du Code d'établir une distinction et une hiérarchie entre d'une part les biens, objets inanimés, et d'autre part les personnes vivantes. Par la hiérarchie que cette distinction implique, le droit est structurellement mis au service des êtres **humains vivants.**

En conséquence de cette distinction fondamentale, le droit personnel issu d'une opération de prêt ne devrait pas pouvoir être approprié par l'établissement financier émetteur. Par principe en effet, le droit personnel résultant d'une transaction de prêt ne saurait être « approprié », car une telle transaction ne concerne pas un droit qu'une personne peut avoir sur une chose, mais concerne un droit qu'une personne détient contre une autre personne. Cette analyse invaliderait juridiquement, en droit français, les opérations de titrisation.

Néanmoins, une première entorse de principe à cette règle fondamentale était opérée dans le Code civil de 1804 qui prévoyait la possibilité de céder des créances. Une cession de créance civile était possible mais assortie de garanties qui imposaient l'accord du débiteur cédé. En droit commercial, dérogatoire au droit commun, les cessions de créances étaient très largement facilitées, le débiteur cédé n'ayant pas réellement de rôle à jouer dans l'opération.

Cette possibilité de cession de créance opérait, sur le plan des principes, une première « appropriation » d'un rapport contractuel, générant une assimilation entre droits personnels et droits réels. Toutefois, cette incohérence conceptuelle était, en droit commun, assortie de garanties qui préservaient un certain équilibre entre créanciers et débiteurs. La cession de créance, très encadrée au niveau civil, était par contre et évidemment, beaucoup plus libre en droit commercial, ce dernier étant conçu comme un droit dérogatoire.

D'un point de vue monétaire, cette possibilité de cession de créances issues de prêts a pour autre conséquence radicalement néfaste et scandaleuse, de valider la nature des monnaies internationales issues des monnaies nationales de certains pays (monnaies offshore). Il faut en effet considérer que si la création monétaire est habituellement faite, pour chaque prêt, de façon temporaire, il en va différemment lorsque ce prêt a servi à payer une dette hors du pays de son émission ; la création monétaire issue du prêt devient dès lors permanente dans le pays exportateur, la demi-monnaie (car matérialisée au bilan par un actif sans passif associé) circulante étant l'équivalent d'un titre de dette sur le pays de la banque émettrice.

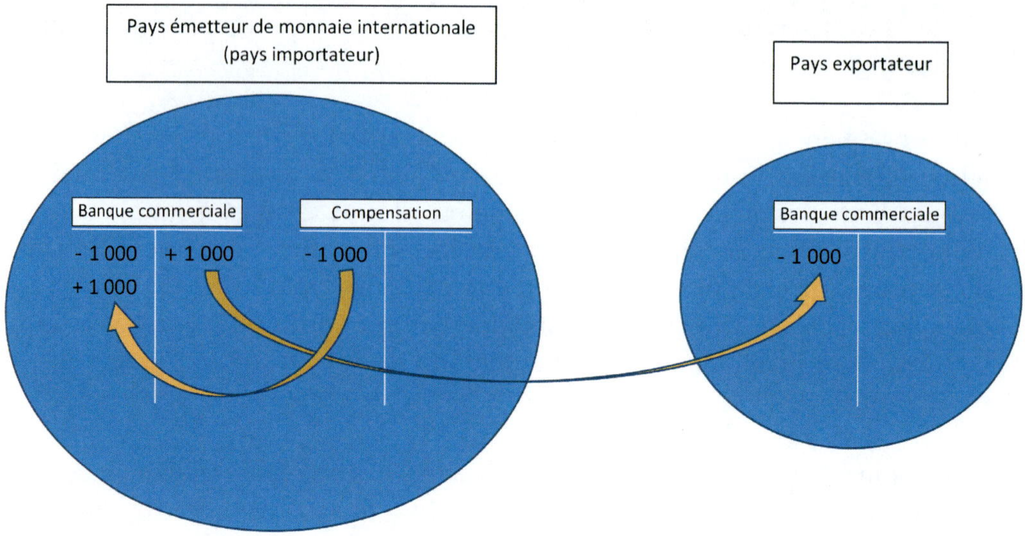

(ii) Le droit issu du Code civil de 1804 à l'épreuve de la récente pratique de titrisation

L'actuelle et récente pratique de titrisation de créances opérées par les banques anglo-saxonnes et diffusées très largement dans le monde, a engendré une nécessité de réformer le droit civil français, afin de valider cette pratique d'ores et déjà en vigueur. Les partisans du « fait accompli » qui s'imposerait au droit argumentent en faveur d'un prétendu principe de réalisme juridique ; ce réalisme opère en réalité la transformation d'un pouvoir de fait, celui des principaux détenteurs de capitaux, en pouvoir de droit. Le fait économique devient « droit ».

En **titrisant**[161] les créances, de nature civile, qu'ils avaient en portefeuille, les établissements financiers se sont arrogé le droit de disposer « comme des propriétaires » (usus, fructus et abusus) du droit personnel qu'ils avaient contre

161 La titrisation est une technique financière permettant à des établissements financiers de transformer des créances qu'ils détiennent sur des entreprises ou des particuliers en titres négociables afin de transférer sur les acquéreurs de ces titres le risque de non remboursement des créances. Les acquéreurs de titres perçoivent un taux d'intérêt qui est fonction du niveau de risque de ces titres. La crise des « subprimes » (créances hypothécaires américaines titrisées) est liée à l'incapacité des débiteurs de rembourser leurs dettes : Cf. http://www.jobintree.com/dictionnaire/definition-titrisation-320.html

les emprunteurs, sans même en avertir ces derniers : ils ont reconditionné ces droits personnels dans des « emballages » comportant d'autres droits, lesquels emballages ont ensuite été revendus à des tiers.

Cette « appropriation » d'un droit personnel est logique si l'on considère que la titrisation provient des pays anglo-saxons et que dans ces pays, les investisseurs ayant acheté des titres (dont les fameux prêts immobiliers douteux « subprimes ») en sont « propriétaires » en vertu du principe de propriété économique. C'est ainsi qu'aujourd'hui, le droit issu de la dérégulation financière entérine l'erreur – fatale - de considérer les créances comme des « biens ».

Toutefois, l'idée, directement issue du concept de « propriété économique », selon laquelle celui qui finance ou qui utilise un bien en est le propriétaire économique, trouvait un obstacle de principe dans le droit français pour lequel une créance, qui génère un droit personnel, n'était pas susceptible d'appropriation. Par ailleurs, cette cession de créance telle que pratiquée par les banques ne respectait absolument pas les contraintes imposées par le droit civil des articles 1689 et 1690 du Code civil de 1804.

Il a donc fallu, dans un premier temps, adapter le droit civil aux exigences bancaires nouvelles : nous avons vu plus haut que cela est maintenant chose faite.

Dans un second temps, les partisans du principe de « propriété économique », qui est en réalité le principe d'accaparement légalisé, ont imaginé aller plus loin et profiter de l'aubaine de la titrisation pour mettre à jour les principes, et réformer la distinction fondamentale entre droit personnel et droit réel afin de rendre, par principe, un droit personnel « appropriable ». Ainsi, l'association Capitant (« les amis de la culture juridique française » *sic*) propose de réformer l'article 520 du Code civil français dans les termes suivants : « Sont des biens, au sens de l'article précédent, les choses corporelles ou incorporelles faisant l'objet d'une appropriation, ainsi que les droits réels ou personnels tels que définis aux articles 522 et 523. »[162]

« Les amis de la culture juridique française » se montrent ainsi extrêmement motivés, en application de la « théorie de la propriété économique », pour intégrer le droit commun dans les principes du droit commercial. Techniquement en effet, cette réforme est dans la logique de l'alignement du régime de la cession de créance

162 Cf. http://www.henricapitant.org/storage/app/media/pdfs/travaux/Avant-projet_de_reforme_du_droit_des_biens_19_11_08.pdf

civile, sur les principes de la cession de créance commerciale. La « modernisation » du droit civil ainsi réalisée ressemble à s'y méprendre à l'assimilation du droit commun dans le droit commercial. Le principe commercial des « effets de commerce » devient applicable au titre du droit commun : la « patrimonialisation » des créances ne concerne plus seulement les simples pratiques commerciales, mais s'impose à tous au titre du droit commun. Nous assistons ici à une inversion des valeurs dans laquelle le droit commercial devient la norme, c'est-à-dire le droit commun.

Dans la droite ligne de l'avènement des institutions européennes, le droit français est sommé de se « moderniser » afin d'inclure la régulation des relations sociales, jusqu'ici comprise comme le droit civil, dans les principes commerciaux. Sous couvert de technicité et de modernité, l'ordre public doit désormais s'entendre comme étant le principe supérieur de protection des droits des principaux propriétaires de capitaux. Avec de tels amis, la culture juridique française n'a certes plus besoin d'ennemis[163].

Au surplus, concrètement, cette réforme, qui irait au-delà de l'actuel « bail-in »[164], permettrait de rendre les banques propriétaires des droits représentés par les sommes d'argent déposées sur les comptes bancaires.

(iii) Conclusion

De façon fondamentale : la réforme du droit civil imposée par la pratique de la titrisation fait apparaître au grand jour, une irréductible contradiction dans les principes du droit français tel que codifié après la Révolution française. Ce hiatus, qui existait de façon latente dès 1804, devient exacerbé et apparaît dans toute sa nocivité à partir du moment où les principes du droit civil s'alignent entièrement sur ceux du droit commercial.

La contradiction est la suivante : alors que les droits personnels sont distincts des droits réels, la cession de créance civile, qui opère transfert de propriété de droits

163 Pour plus de précisions, voir Valérie Bugault « Quelques précisions sur les projets de réformes du Code civil français » : http://lesakerfrancophone.fr/quelques-precisions-sur-les-projets-de-reformes-du-code-civil-francais

164 Le bail-in est l'appropriation des dépôts par les banques en cas de perte de solvabilité irrémédiable ; lire par exemple : http://www.bvoltaire.fr/valeriebugault/janvier-2016-banques-pourront-ponctionner-directement-vos-comptes-bancaires,221964

de nature personnelle, suppose une appropriation (donc un droit réel) des rapports interindividuels. Le droit des obligations et le droit des biens n'ont pas le même objet : l'un (le droit des obligations) s'occupe des rapports humains, et l'autre (le droit des biens) des rapports des hommes aux choses. La possibilité d'appropriation des droits contre des personnes suppose que des droits personnels sont, comme les « biens », susceptibles de faire l'objet d'un droit de propriété. La qualification juridique, implicite mais nécessaire, de « biens » des relations interindividuelles revient à opérer une réification des relations personnelles, et à anéantir la distinction fondamentale entre droits personnels et droits réels, qui avait justement pour objet de distinguer les pouvoirs sur des « biens » des pouvoirs sur des « hommes ».

À ceux qui invoqueraient la cession de créance civile (ancien article 1690 du Code civil) pour expliquer qu'un droit personnel faisait déjà, dès 1804, l'objet d'une appropriation, nous répliquerons que justement puisque cette possibilité de cession de créance existe déjà, il n'y a nul besoin de modifier les fondements de la distinction entre droits personnels et droits réels et de qualifier de « bien » un droit personnel ; en décider autrement relève d'une intention qui va bien au-delà d'une simple modification formelle.

Opérer une confusion entre les rapports interindividuels, relevant du droit des obligations, et le droit des « biens », qui gère les relations des individus sur des « biens », signifie que les relations entre individus sont susceptibles d'appropriation. Ainsi réapparaît le spectre du système juridique de l'esclavage dans lequel le vivant, réifié, est assimilé à un bien matériel susceptible d'appropriation. Cette tentation est de plus en plus prégnante dans toutes les réformes juridiques de la seconde moitié du XXe siècle en Occident en général, et en France en particulier ; elle se cache sous un faux-semblant de technicité et n'ose pas encore apparaître pour ce qu'elle est, de peur de la levée populaire de boucliers qu'elle pourrait encore éventuellement susciter. Nous nous rapprochons chaque jour qui passe de la réinstauration, en France, du système légal de l'esclavagisme, dans lequel l'humain devient un « bien » appropriable.

Un droit civil qui serait réellement au service de l'organisation sociale et protecteur des libertés invaliderait les opérations de titrisation. D'une part, le droit civil n'a pas à être adapté, sous prétexte de « réalisme » aux pratiques bancaires destructrices du tissu économique et social ; le droit civil tel qu'issu du Code de 1804, suffisait à invalider ces pratiques.

D'autre part, une créance, qui est la matérialisation juridique d'un lien contractuel entre deux personnes, ne devrait pas pouvoir être appropriée comme un « bien ».

Une créance est un lien entre deux personnes, elle se distingue fondamentalement, par essence, d'un « bien », objet inanimé. Supprimer la distinction entre droit personnel et droit réel revient implicitement mais nécessairement à inverser le sens des choses et à mettre les humains au service du droit. Alors qu'un « droit » qui se respecte doit être au service de l'organisation sociale, supprimer la distinction entre droit réel et droit personnel revient à mettre la majorité des humains au service de la petite minorité qui établit les règles de droit. Le droit ainsi conçu est un instrument aux mains des détenteurs de la puissance économique pour asservir la grande majorité des individus.

Au-delà de l'invalidation juridique de la pratique dite de titrisation, l'entreprise de codification du droit, qu'il faudra entreprendre si l'on veut rendre au « fait politique » sa prééminence sur le « fait économique », devra principalement réintégrer le droit commercial dans le droit commun. À cette occasion devra être réaffirmée très clairement la distinction entre droit réel et droit personnel. Ces deux typologies de droits ne portent pas sur le même objet et ne peuvent en conséquence pas avoir la même teneur. Les droits réels portent sur des objets inanimés et peuvent à ce titre générer un droit de propriété, plénier ou démembré. À l'inverse, les droits personnels sont des droits qu'une personne a contre une autre, il ne saurait être question de les considérer comme des biens et de les rendre susceptibles d'appropriation.

Les droits contre des individus ne doivent pas pouvoir avoir la même nature que des droits sur des « biens » ; en décider autrement revient à remettre au goût du jour le principe de l'esclavage dans lequel une personne peut être propriétaire d'une autre. Ainsi serait bouclée la fable du troc et ses sous-entendus implicites, dont son inventeur John Locke avait donné l'exemple de son vivant : il fut actionnaire des plantations *Bahamas adventurers*, actionnaire de la *Royal African Company*, dédiée au commerce des esclaves du Ghana vers les colonies anglaises d'Amérique, ainsi qu'actionnaire d'un navire de commerce dédié au transport des esclaves[165]. Il fut aussi rédacteur de la Constitution de la Caroline (où il était grand propriétaire de terres agricoles) dans laquelle il est clairement précisé à l'article 110 que « Tout homme libre de la Caroline a le pouvoir et l'autorité absolus sur ses esclaves noirs, quelle que soit la religion ou l'opinion de ceux-ci »[166].

165 Cf. Stacey M. Floyd-Thomas et Miguel A. De La Torre, « Beyond the pale, Reading Ethics from the Margins », Westminster John Knox Press, Louisville, Kentucky, 2011, 244 pages.
166 Cf. North Carolina Colonial Records 187-205. Locke's Works [Eighth Edition] X. 175.

On comprend mieux ainsi les motivations réelles des partisans de l'autonomie du pouvoir économique sur le pouvoir politique. Libéré de toutes considérations morales ainsi que de l'utilité sociale véhiculée par le « fait politique » juridiquement traduit, le « fait économique » peut justifier l'esclavage en fonction de seules considérations de profits ; cette justification émanant, comme John Locke lui-même, de prétendus partisans de « l'égalité des hommes ».

(3) Conclusion sur les relations d'échanges contractuels à l'occasion desquels la monnaie est « témoin »

Pour récapituler : la monnaie n'est pas un bien mais un acte d'autorité de la puissance publique chargée de l'organisation et de la régulation de la vie en commun. De la même façon une créance génère des droits contre des individus, et non des droits sur des biens ; un droit contre un individu ne peut pas être qualifié de « bien ». Contrairement à ce que voudrait imposer la doctrine dominante, sous la férule de son maître économique que sont les principaux propriétaires de capitaux, le droit des obligations, qui matérialise juridiquement une relation entre deux ou plusieurs personnes, ne saurait jamais être confondu avec le droit des biens, qui matérialise juridiquement la relation d'une personne sur une chose.

Toutes les prétendues analyses juridiques émanant des partisans de la « propriété économique », de l'accaparement légal et de l'esclavagisme, sont corrompues : elles ne sont ni logiques du point de vue du raisonnement juridique, ni conformes à la nature qui opère une distinction primordiale entre le vivant et le non vivant[167]. Elles sont motivées par une seule et unique chose : la volonté des principaux détenteurs de capitaux d'asseoir définitivement leur domination juridique et politique sur l'ensemble de l'espèce humaine. Les juristes praticiens formés à l'école de la « théorie pure du droit », qui s'interdisent toute analyse critique des finalités du droit, ne peuvent qu'approuver toutes ces nouvelles techniques d'appropriation !

167 Pour aller plus loin, on pourrait imaginer une taxinomie du vivant selon qu'il est ou non capable de façonner son environnement. Les humains appartiendraient à la catégorie capable de façonner leur environnement, les végétaux appartiendraient à la catégorie insusceptible de façonner leur environnement ; une gradation devrait être faite pour les animaux, qui sont plus ou moins aptes à façonner une partie de leur environnement. Une telle distinction est donnée à titre de piste de réflexion, elle n'est pas parfaitement aboutie et mériterait des approfondissements scientifiques, en particulier biologiques ; étant entendu que les informations ainsi recueillies sont par nature évolutives car contingentées par l'état des connaissances scientifiques à un moment donné.

b. L'échange entre États

Lorsque les échanges ont lieu entre personnes privées appartenant à des États différents, les sommes d'argent échangées en contrepartie de l'acquisition d'un bien ou d'un service seront libellées dans la monnaie du pays de l'acquéreur ; cette monnaie n'est, par hypothèse, pas la même que celle ayant cours légal dans le pays du vendeur nouvellement titulaire de cette somme d'argent. Afin de pouvoir être utile au vendeur, cette somme d'argent devra donc faire l'objet d'une conversion dans la monnaie en vigueur dans son propre pays.

(1) Les monnaies, qui ne sont pas des « biens », ne peuvent pas circuler sur des marchés internationaux

Il faut évidemment préciser que, les monnaies n'étant pas des « biens », elles ne peuvent pas faire l'objet de commerce et n'ont en conséquence aucune vocation à circuler sur des marchés internationaux.

(a) Le terme de « devise » est un facteur de désinformation juridique

Appeler une monnaie du terme de « devise » revient à transformer la monnaie en un bien susceptible d'être échangé sur des marchés. Or, nous avons vu qu'une monnaie n'est pas un « bien » mais un acte d'autorité matérialisé par un vecteur permettant de faciliter les échanges. Loin d'être un bien, la monnaie répond à une nécessité publique de facilitation des échanges.

S'agissant des échanges internationaux, le terme de « devise » génère une confusion entre la nature institutionnelle de la monnaie et sa matérialisation ; ce terme est le principal facteur de désinformation juridique. Une juste qualification juridique du principe monétaire suffit à rendre impossible toute spéculation sur les monnaies. Seuls les « biens » peuvent faire l'objet de commerce et être présents sur des marchés : une monnaie, qui n'est pas un bien, ne saurait circuler sur des marchés.

(b) La distinction entre banque et finance : distinction entre création monétaire et circulation monétaire

Il est important de bien distinguer le système financier du système bancaire. Le système financier est un réseau qui traite de la monnaie recyclée, constituée de créances et de dettes, à diverses échéances, qui constituent des obligations figées, stockées, reportées, transformées. Le système financier s'oppose à l'activité bancaire proprement dite, qui consiste à créer et détruire, émettre et gérer la masse monétaire en circulation.

Les libéraux, partisans d'une conception marchande de la monnaie dans laquelle celle-ci est qualifiée de « bien », voudraient gommer la distinction entre la finance et la banque.

À l'opposé, les analyses juridiques traditionnelles - et rationnelles - de la monnaie sont fidèles à la conception d'une monnaie-signe, d'une monnaie-institution, aux antipodes de la monnaie marchandise. Ces analyses sont fondées sur la fonction première de la monnaie, qui est d'organiser les relations sociales en facilitant les échanges, mais également sur la sécurité, la prévisibilité, la stabilité, l'ordre, inhérents à toute institution.

La doctrine juridique - du moins celle portée par les rares juristes qui daignent encore s'occuper des finalités du droit - relève le rôle essentiel de mesure de la monnaie qui sert à fixer la valeur économique de tous les biens par rapport à une mesure commune. Si les juristes ne sont généralement, jusqu'à ce jour, pas allés beaucoup plus loin, c'est probablement - en plus de la conception de la « théorie pure du droit » qui fait rage - par méconnaissance des mécanismes comptables utilisés par les banques. Notons que la méconnaissance des principes qui régissent la monnaie n'est pas l'apanage des juristes : le président du FMI, en bon élève du libéralisme, avouait lui-même, il y a quelques années ne pas savoir ce qu'était au fond la monnaie.

À l'heure où le FMI ambitionne de faire des DTS la future monnaie de réserve mondiale, il est grand temps de faire savoir que la monnaie n'est pas un « bien » appropriable, mais une institution d'utilité sociale, un facilitateur d'échange. La comptabilité bancaire nous apprend que les avoirs des uns sont les dettes des autres. S'agissant d'émission monétaire, la monnaie, qui est à la fois dette et créance, ne peut pas être assimilée uniquement à une seule créance du point de vue bancaire, et à une seule dette du point de vue de l'emprunteur.

La monnaie tire de sa nature d'institution un pouvoir libératoire qui ne remplit sa fonction qu'en raison de la fongibilité absolue (liquidité parfaite) de la monnaie. Ces caractéristiques de la monnaie doivent trouver leur traduction technique au niveau international, par l'institution d'un système de compensation interbancaire régit par les États, entendus au sens politique du terme.

(2) La conversion des monnaies met en œuvre des rapports de droit public devant être gérés par des autorités publiques légitimes organisées en chambres de compensation

En raison de la nature institutionnelle de la monnaie, la conversion des monnaies relève nécessairement d'un acte d'autorité. Mais il est question ici de plusieurs autorités : celles des pays concernés par l'échange international. Ces autorités (des pays concernés par les échanges économiques internationaux) devront organiser un système de chambre de compensation de façon à pouvoir échanger, c'est-à-dire de façon à pouvoir interpréter une monnaie dans une autre monnaie. Rappelons en effet que les monnaies n'étant pas des « biens », elles ne peuvent pas circuler sur des marchés.

L'opération de conversion des monnaies est un acte technique qui doit permettre un échange équitable entre les différentes monnaies. Cette opération de conversion doit également permettre de refléter le dynamisme économique des pays concernés, en prenant en compte le cumul des échanges de ces pays[168]. Il est nécessaire de faire appel ici au concept de « méta-monnaie ». Ce concept offre les avantages de l'étalon-or sans en supporter les contraintes.

Le système actuel des paiements internationaux fonctionne exactement comme au temps de la république de Venise, avec des comptes Nostri et Lori. Les comptes Nostri sont les comptes d'actif, les comptes Lori les comptes de passif. Quand une banque doit effectuer un virement dans un pays étranger, elle procède en deux étapes :

1) elle troque sa monnaie contre une monnaie de règlement en mouvementant deux comptes Nostri (d'actifs), l'un dans la monnaie étrangère, l'autre dans sa monnaie de référence,

2) puis elle utilise le produit de son troc pour effectuer le virement.

168 Cf. Jean Remy, Politique et éco n°112, autour de la 38e minute : https://www.youtube.com/watch?v=gPxGw2_derE

On peut donc constater dans ce mécanisme que le pays importateur a effectué deux paiements : un premier pour troquer sa monnaie contre la monnaie étrangère, permettant de payer son importation, puis un deuxième paiement lors du rachat de sa monnaie nationale par la banque centrale, à la banque commerciale étrangère ayant fourni les devises. C'est une double contrainte de change, qui provient du fait que la monnaie du pays en question n'est pas acceptée internationalement. Seules quelques monnaies ont le privilège d'être acceptées comme monnaie de paiement au niveau mondial ; ce privilège correspond en réalité à la pérennisation indue des usages comptables vénitiens, à une époque où la monnaie pouvait se réduire à une marchandise dont la valeur était définie en poids de métaux précieux.

Changer les choses s'avère en réalité relativement simple : il s'agit d'instituer une « méta-monnaie », monnaie de monnaies, dont le rôle sera de - et se limitera à - véhiculer les paiements d'une monnaie à une autre. Ce système nécessite l'instauration d'un nouveau type de chambre de compensation.

Les actuelles chambres de compensation interbancaires ne fonctionnent qu'à l'intérieur d'un même espace monétaire, alors qu'il s'agit ici de gérer des paiements à travers une méta-monnaie qui servira d'étalon et de véhicule à tous les échanges entre monnaies différentes, conformément aux principes de fonctionnement d'une monnaie saine, c'est-à-dire en respectant d'un point de vue comptable :

1) la double nature à la fois actif et passif de la monnaie : toute opération monétaire se traduit par un mouvement simultané et équivalent de l'actif et du passif dans la comptabilité de chaque partenaire.
2) la hiérarchie entre l'institution émettrice et les utilisateurs de la monnaie : les gestionnaires de monnaies nationales impliquées agissent ensemble souverainement pour fixer des règles de fonctionnement de la chambre de compensation qu'elles imposent à tous les usagers.
3) l'hétérogénéité des acteurs du « fait monétaire » : les gestionnaires du système de compensation ne voient pas leur propre patrimoine impliqué par, et dans les opérations qu'ils effectuent.
4) l'égalité devant la monnaie (isonomie) : tous les opérateurs en monnaies nationales sont traités à égalité par le système de compensation.

Le respect de ces quelques principes devrait suffire à établir un système de compensation équilibré et équitable entre les différentes monnaies.

C. Conclusion de la théorie de la monnaie

La théorie juridique de la monnaie ci-dessus exposée s'appuie sur le droit civil tel qu'il existe encore en France. Tant que le droit civil français résistera à l'invasion du droit anglo-saxon, la « politique » au sens de l'organisation sociale, pourra perdurer.

Le jour, proche, où les représentants de l'oligarchie transnationale, politiquement institués dans l'Union européenne, seront venus à bout du droit continental représenté par le Code civil français, nous assisterons au retour juridiquement acté de l'appropriation juridique d'un être humain par un autre être humain. Cette possibilité ira beaucoup plus loin qu'elle ne l'a jamais fait dans l'histoire en raison des terribles progrès de la science. Dans ce contexte, le transhumanisme **qui postule une humanité** augmentée, sera mis à la disposition de la minorité qui pourra utiliser ce pouvoir pour maintenir en esclavage la grande majorité des « soumis », ravalés au rang de « sous-humanité ».

Chaque jour nous rapproche collectivement de la fin de l'ère « politique », dans laquelle l'organisation sociale est faite pour l'amélioration des conditions de vie du plus grand nombre, et du début d'une nouvelle ère d'esclavagisme. La théorie juridique de la monnaie est le pivot stratégique qui pourrait permettre de remettre le droit à sa bonne place en faisant échec aux stratégies de domination des principaux propriétaires de capitaux. Saisir cette opportunité reviendrait à remettre l'humanité sur le chemin de la civilisation.

V. CONCLUSION

Dans la situation politique actuelle, tous les éléments sont parfaitement intégrés dans un cercle vicieux engendrant la disparition inéluctable du fait civilisationnel. La captation intégrale des richesses par quelques personnalités anonymes a permis à ces dernières de dominer le jeu économique, et de se rendre maîtres du jeu institutionnel ; cet accaparement a eu pour conséquence une « corruption » du phénomène politique et une disparition de la légitimité même du concept de « fait politique ».

Tous ces enchaînements n'ont été rendus possibles que par l'aveuglement collectif consistant, pour les foules, à se laisser manipuler et entraîner dans un éternel jeu de dupe qui consiste, pour les détenteurs du pouvoir économique, à contrôler, via les partis politiques, le fait politique dans son intégralité ; au-delà des petites querelles apparentes, les acteurs politiques se dirigent tous, par des chemins différents, et avec un niveau de conscience différent, vers l'avènement d'un gouvernement mondial fonctionnant sur un modèle dans lequel les individus n'auront plus aucune prise sur les décisions qui organisent et gèrent leur vie, au niveau tant individuel que collectif. Nous assistons actuellement au triste spectacle de la disparition programmée des États (entendus au sens politique du terme) en raison de la soumission intégrale du « fait politique » au « fait économique ». Cette soumission a deux aspects essentiels : le contrôle des monnaies par les principaux détenteurs de capitaux, et l'anonymat des capitaux. Ces deux phénomènes génèrent à leur tour une incroyable autant que discrète concentration des capitaux, le contrôle des flux économiques (qui ont débouché sur le vaste mouvement de libre-échange sous le joug duquel le monde entier ploie), le détournement de la notion d'État, et enfin l'asservissement définitif de ces derniers aux multinationales.

Les peuples sont les grands « perdants » de ce petit jeu d'ingénierie politique et institutionnel ; la grande majorité des « administrés » économiques ont ainsi pour vocation ultime de servir d'esclaves aux principaux détenteurs du pouvoir économique, lesquels sont en train d'instituer de nouvelles « règles du jeu ». Ainsi, l'asservissement factuel par la dette est en cours de discrète mutation vers un asservissement juridique assumé[169]. Les français sont victimes d'une

169 Concernant l'asservissement, il est question en France, « dans le plus grand secret » d'éta-

double trahison, trahison de leur gouvernement – le « fait politique » étant aujourd'hui devenu une simple émanation du « fait économique »[170] – et de leurs « intellectuels », les détenteurs de la puissance économique ayant organisé un système de pensée économique et juridique, chargé d'accompagner et de justifier leur prise de pouvoir politique.

Dans ces conditions, on ne peut que voir d'un œil inquiet le vaste mouvement appelé « transhumanisme » (en bonne voie de réalisation). L'avènement d'un homme augmenté disponible aux dominants économiques et financiers qui ont accaparé le pouvoir laisse présager un funeste « destin » au reste de l'espèce humaine, celui de servir de « pièces de rechange » vivantes[171]. C'est ce que laisse présager la brevetabilité du vivant ainsi que le marché, actuellement prospère, des parties et produits du corps humain.

Seule une réforme simultanée de l'organisation institutionnelle, juridique et monétaire pourra venir à bout du processus d'autodestruction civilisationnel en cours de réalisation (ou plutôt en cours d'aboutissement). Les pays occidentaux, qui ont mené la danse de l'asservissement mondial des peuples doivent, les premiers, prendre conscience de l'extrême vacuité civilisationnelle que leur veulerie collective laisse aux générations suivantes. Ces générations deviennent d'ailleurs, par la puissante mécanique des causes et des effets, de moins en moins nombreuses ; leur avenir étant, à moyen terme, la disparition pure et simple[172]. L'homme, en Occident, se trouve aujourd'hui face à un dilemme déterminant : choisira-t-il de lutter pour défendre son droit d'exister ou préfèrera-t-il mettre

blir deux langues différentes : une langue pour les esclaves, qui ne leur permettra ni de comprendre leur environnement ni de raisonner, et une langue efficace pour les maîtres : https://www.youtube.com/watch?v=1sCCdXrEe7U écouter notamment à partir de la 20e minute.

170 À titre d'illustration : « Quelques heures avant sa disparition, Robert Boulin avait sorti du coffre de son ministère des dossiers brûlants, démontrant la collusion entre la politique et la haute finance en France. Empêcher Boulin de parler, c'était pérenniser la manne organisée au profit de responsables de plusieurs partis politiques français… » : http://tempsreel.nouvelobs.com/rue89/rue89-politique/20131221.RUE0958/l-affaire-boulin-le-secret-de-jeunesse-de-claude-gueant.html

171 Cf. http://lesakerfrancophone.fr/les-colonnes-infernales-de-la-defaite-civilisationnelle ; également http://lesakerfrancophone.fr/de-la-civilisation-europeenne-de-la-mesure-plaidoyer-pour-un-retour-du-concept-deconomie-politique

172 Cf. Philippe Bourcier de Carbon «Les perspectives de croissance au XXIème siècle dans un contexte d'implosion démographique» Université Panthéon-Assas, Paris, 28 mai 2008 ; conférences données dans le cadre du colloque organisé par l'Institut de géopolitique des Populations (IGP) le 28 mai 2005 et intitulé « Les perspectives de croissance au XXIème siècle dans un contexte d'implosion démographique », publié aux éditions l'Harmattan IGP n°15 sous la direction d'Yves-Marie Laulan.

la tête dans le sable et continuer d'ignorer le sort que lui réservent les actuels détenteurs du pouvoir économique et financier ? Car nous sommes aujourd'hui rendus à l'un des rares moments de l'histoire qui nous met, collectivement, face à la lutte ultime : celle du bien contre le mal.

TABLE DES MATIÈRES

Du même auteur
paru chez Sigest

La Nouvelle Entreprise
2018

Les Raisons Cachées du Désordre Mondial
2019

Demain dès l'aube… le renouveau
2019

ISBN : 978-2-917329-95-5

3e édition

Éditions SIGEST
29 rue Etienne Dolet - 94140 Alfortville - F
http://editions.sigest.net
courriel : editions@sigest.net
N° Éditeur : 978-2-917329

Image de la couverture :
Breakthrough. Businessman breaking through a wall.
© bizvector - Fotolia
Images des pages intérieures : D. R.

Achevé d'imprimer en janvier 2020
dans l'Union européenne

Dépôt légal : 2e trim. 2017